PUHUA BOOKS

我
们
一
起
解
决
问
题

陈材杰

著

人民邮电出版社

北　京

图书在版编目（CIP）数据

秒懂金融 / 陈材杰著. -- 北京 : 人民邮电出版社,
2024.6
ISBN 978-7-115-64186-1

Ⅰ. ①秒… Ⅱ. ①陈… Ⅲ. ①金融学－通俗读物
Ⅳ. ①F830-49

中国国家版本馆CIP数据核字(2024)第069933号

内 容 提 要

在现代社会，金融已经成为我们生活中不可或缺的一部分。无论是日常储蓄、银行借贷，还是物价上涨、利率调整，有钱的地方就有金融。想要生活得更幸福，金融学是一门人人都应该懂、人人都能懂、人人应该用好的学问。

本书以通俗易懂的语言，结合触手可及的生活现象，详细介绍了日常必知的金融知识，从货币到基金、股票，从宏观经济到个人投资理财，全面梳理了和金融相关的各种问题，如货币供应过多会带来什么负面影响、金钱如何引发危机、如何分散风险、如何通过投资实现盈利等。此外，本书还提供了大量的图表，使读者在轻松阅读中，学会用金融思维观察、分析生活中的经济现象，同时指导自己的行为，做一个聪明的投资者。

本书适合广大中小投资者、金融机构从业人员、创业者和企业管理者，以及想要了解金融市场、投资理财和股票、基金、债券等金融产品的普通人阅读使用。

◆ 著 陈材杰
责任编辑 程珍珍 贾淑艳
责任印制 彭志环

◆ 人民邮电出版社出版发行　　北京市丰台区成寿寺路 11 号
邮编 100164 电子邮件 315@ptpress.com.cn
网址 https://www.ptpress.com.cn
北京九州迅驰传媒文化有限公司印刷

◆ 开本：880×1230 1/32
印张：8 2024 年 6 月第 1 版
字数：240 千字 2025 年 10 月北京第 12 次印刷

定 价：59.80 元
读者服务热线：（010）81055656 印装质量热线：（010）81055316
反盗版热线：（010）81055315

普通人怎么快速补上金融理财这门必修课

十多年前，我还是一个迷茫的大三学生。我读工科但全无兴趣，更不敢想象要在这个行业蹉跎一生。于是我决定跨专业考投资学专业的研究生。家里不太支持，而我又毫无基础。暑假了，我一个人待在没空调的宿舍，拿着"天书"一般的教材死磕，又没人可请教，那时我经常幻想，如果有一本书可以用最简单的语言把这些金融知识讲出来就好了！

后来我陆续读了研、走上工作岗位，也一直做投资理财，但苦于非科班出身，很多东西只能现学，对一本简单、实用的金融书的渴求不减反增。然而，我从没有看到过有人真的设身处地从一个小白的角度把话讲清楚、把理道明白。

高校的教材，当然要又厚又专业才行。

媒体的文章，必须一板一眼地用上各种专业表述。

这导致当今金融理财领域的认知鸿沟令人触目惊心。对股票、基金缺乏基本认知就几十万上百万元地投入，结果亏得一塌糊涂的大有人在。更有甚者，大学教授都能被金融诈骗骗去上百万元。

前两年，我偶然间看到李笑来的一句话："如果你想要的东西还不存在，那就亲自动手将它打造出来。"这话在我的潜意识里埋下一颗种子：我要不要自己写写看？

2022年2月19日，我在小红书注册账号"秒懂金融"，发表"秒懂金融小知识"系列笔记，结果没想到很快就"爆了"，不到半个月粉丝突破10万。更重要的是，笔记获得了如潮的鼓励和好评，这给了我极大的信心和动力。

但小红书上这些金融理财知识还只是一个个的点，不成体系，更新速度也满足不了部分粉丝的"胃口"。很多粉丝私信，说让我干脆写一本书出来，出版社的老师这时也热情地找到我。于是，就有了这本——《秒懂金融》。

这本书的目标是帮助普通人轻松、快捷地补上金融理财这门人生必修课。这听着好像有点速成的意思？不，我反对速成。速成，即快速在一个领域取得成功，这几乎是不可能的。绝大多数教我们速成的书，只可能是速成了作者的腰包。

但"速入"，即快速在一个领域入门，不仅是绝对有必要的，而且是绝对有可能的。

第一，基础教育教给我们的东西，并不足以应对复杂的现代社会生活，我们还需要补上很多"必修课"。比如金融理财就很典型，我们每个人的生活已经全然嵌入现代金融体系了，但很多人却对资产负债、社保公积金、风险收益、股票基金这些金融常识全无概念。这非常危险，因为股票、基金随便亏一笔，可能就是一个月的工资；被金融诈骗随便割一下，损失的可能就是一年的血汗钱。

第二，生活不易，工作很忙，每个领域的专业书籍都是厚厚的很多本，我们不可能也没必要都去慢慢学，而必须尽可能用最快、最有效率的方式去入门。快速入门一旦完成，我们就可以自主实践，越用越好。

第三，快速入门的关键，就是找到**最少必要知识**，然后搞定它们。实际上，每个学科领域最重要最有用的知识，往往就那么多，搞定了这些知识，你就能超过 99% 的普通人了。用李笑来的话说，这是"**最少必要知识**"。以金融为例，真正搞懂"风险与收益成正比"这个常识，就足以帮我们避开各种金融诈骗的坑了。

那么，本书如何带大家轻松、快速地入门金融理财这门必修课呢？我有四大原则和一个模型。

四大原则

1. **秒懂原则**。本书的首要原则就是秒懂，就是要让你一看就懂。首先，本书能不用专业术语就不用专业术语，更不会用专业术语去解释专业术语。其次，本书爱举例子，全书有多达40多个例子。最后，本书绝不忽略任何一个读者可能跨不过去的知识沟壑，如果一个逻辑链是 A—B—C，那么我一定不会跨过 B。也许在专业人士看来这样很啰唆，但，**慢就是快**。

2. 最少必要原则。这是本书的第二大原则，也就是只选取那些对普通人最有必要、最有用的金融理财知识。因此，在编写大纲阶段，我就围绕普通人投资理财、工作、买房、养老等核心场景，去搭建大纲，并反复问自己、问我爱人、问数十位粉丝朋友，这个知识到底有没有必要？又需要什么知识？反复删减调整后形成的大纲，得到了大家的一致好评和热切期待。

3. 可操作原则。掌握金融理财知识很重要，但说到底，还得落到操作上。因此，本书不仅要秒懂，还要能用，而且最好是能照着做的那种。在操作篇，我会尽可能掰开了、揉碎了，一步一步地把投资股票、基金的方法"像素级"地呈现出来，你要做的就是跟着步骤走。

4. 成体系原则。由于种种原因，在小红书上很难系统地输出知识。读者通过读笔记零星获取一些知识没问题，但想要系统学习金融理财，那还远远不够。因此，本书虽然延续了小红书笔记简单易懂的风格，但绝不是对小红书笔记的照搬，而是精心设计了一个模型，对普通人需要学习的金融理财知识进行了系统化的串联、重构和升级。按照这个模型，一个完全没有金融知识基础的人，也可以按图索骥，系统搞定金融理财这门人生必修课。

一个模型

如图 I 所示，本书的金融理财必修课模型分两大模块，即常识模块和操作模块。每个模块回答三个对我们最有用的问题。

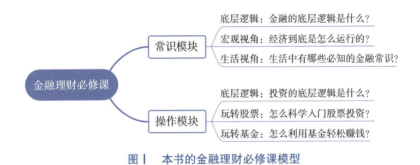

图 I 本书的金融理财必修课模型

常识模块的三个核心问题如下。

1. 本质层面，金融的底层逻辑是什么？ 金融，顾名思义，就是资金融通，更直白形象地说，就是钱的流动。因此，以钱为主线和切入点，搞懂了钱的来龙去脉、运行逻辑、流动规律，我们就搞懂了金融的底层逻辑，这是帮助我们走上通往财富自由之路的核心认知。

2. 宏观层面，经济到底是怎么运行的？ 过往几十年，我国出现了很多次造富大潮，如 20 世纪 80 年代下海经商、90 年代炒股，21 世纪前 10 年买房，10 年前做电商，这几年做自媒体、直播带货等。大体来说，成功抓住一次即能实现财富跃升。这些造富大潮的背后，藏着宏观经济的大趋势。很多时候，抓住趋势比努力重要得多，搞懂了宏观经济，我们就可以顺势而为，做风口上的那只"猪"。

3. 生活层面，生活中有哪些必知的金融常识？ 回到生活中来，你一定还非常关心，生活中、职场中，有哪些金融常识是必须掌握的？毕竟学校里不教这些，但一步入社会，社保、公积金、征信、贷款这些现实又复杂的玩意就会迎面而来，怠慢不得，甚至各种金融骗局也会伺机而动，让人防不胜防。对于这些，我都会在书里帮大家梳理清楚。

操作模块的三个核心问题如下。

1. 投资的底层逻辑是什么？ 投资理财需要你拿着自己的真金白银，自主做出每一个决策，这是最反人性的游戏之一。在真金白银面前，恐惧和贪婪的人性力量之强，不是浮于表面的所谓投资技巧、投资秘籍所能抗衡的。唯有知其然且知其所以然，搞懂底层逻辑，我们才能真正驾驭人性，做到心中有数、心静如水，完成一个个反本能但正确的操作。

2. 怎么科学入门股票投资？ 炒股是高风险的活动，作为一个新手，没有科学的认知傍身就贸然闯入，等于羊羔闯入狼群，凶多吉少。更重要的是，你一定听说过有人在牛市中大赚特赚的故事，这并非故事，而是发生过很多次的事实。在牛市中，只要掌握了科学认知，我们确实是有很大机会赚钱的。不要遗憾自己错过了牛市，因为过去33年来，我国股市已经历了十多次大大小小的牛市，平均3年一次，如图Ⅱ所示。因此，为什么要科学入门股票投资呢？就是要做好准备，伺机而动，等牛市来了，好好赚它一笔！

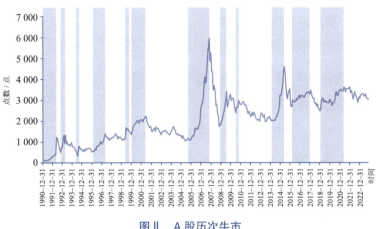

图Ⅱ A股历次牛市

3. 怎么利用基金轻松赚钱？据统计，2005—2020年，我国主动型股票基金指数上涨1 100.79%，年化收益率18.02%！也就是说，投资基金确实是有很大机会赚钱的。基金能赚钱，但如果需要你天天辛苦地研究市场，你愿意吗？估计绝大部分人不愿意。因此，更重要的是"轻松赚钱"。作为普通人，我们投资基金其实没必要花费太多的时间和精力，而完全可以用一套科学而简单的策略和方法，轻松赚钱。在第六章中，我呈现的就是这么一套简单有效的方法。更多的时间，我们可以放到自己的成长上。毕竟，如果本金太少，即使每年能达到18%的收益率又能怎么样呢？

最后，感谢粉丝朋友们一直以来的热情鼓励和肯定，你们的鼓励是我坚持下去的最大动力。

感谢贾淑艳编辑的慧眼，感谢人民邮电出版社各位老师的认可，我未必是良马，但他们一定是伯乐。

特别感谢我的妻子，如果没有她的"怂恿"，我可能不会在小红书上分享金融知识，如果没有她给的"压力"，这本书的写作怕是会经常搁浅。

由于水平有限，本书存在错漏之处在所难免，欢迎读者朋友们多提宝贵意见，争取有机会再版时改正，一起把这门金融理财必修课越做越好！

目 录

下篇 **操作篇**

上篇

常识篇

搞懂了钱，就搞懂了金融的底层逻辑

金融，顾名思义，是资金的融通。资金的融通，换一个更形象的说法，就是"钱的流动"。因此，搞懂了钱及钱的流动，我们就掌握了金融的底层逻辑，这是通往财富自由之路的必备认知。

一、货币：钱为什么不是财富

可能有的读者看到这个标题就会有疑问——如果小明手里有 1 000 万货币，他能够立刻买一套不错的房子，这难道不是财富吗？别急，思考以下两个问题你就懂了。

第一个问题，如果小明是津巴布韦人呢？

这 1 000 万津巴布韦币还算得上财富吗？可能什么也不是，因为津巴布韦发生过非常严重的通货膨胀（即物价疯狂上涨），曾发行过面额一千亿兆的纸币！那时，人们日常买东西可能得扛着一麻袋的纸币！1 000 万？在津巴布韦不过是一张纸而已。

提出这个问题，我想表达的是，现代社会中的货币，说到底只是一张特殊的纸而已。它的特殊之处在于，它代表了中央政府的承诺，承诺只要持有者拿着政府印制并写有特定金额的"纸"，就可以买相应金额的商品。因此，我们甚至可以把这张纸理解为国家开出的一张"欠条"。

图 1–1 是从中国人民银行（我国的货币发行机构，以下简

项目 Item
国外资产　Foreign Assets
外汇　Foreign Exchange
货币黄金　Monetary Gold
其他国外资产　Other Foreign Assets
对政府债权　Claims on Government
其中：中央政府　Of which: Central Government
对其他存款性公司债权　Claims on Other Depository Corporations
对其他金融性公司债权　Claims on Other Financial Corporations
对非金融性部门债权　Claims on Non-financial Sector
其他资产　Other Assets
总资产　Total Assets
储备货币　Reserve Money
货币发行　Currency Issue
金融性公司存款　Deposits of Financial Corporations
其他存款性公司存款　Deposits of Other Depository Corporations
其他金融性公司存款　Deposits of Other Financial Corporations
非金融机构存款　Deposits of Non-financial Institutions
不计入储备货币的金融性公司存款　Deposits of financial corporations excluded from Reserve Money
发行债券　Bond Issue
国外负债　Foreign Liabilities
政府存款　Deposits of Government
自有资金　Own Capital
其他负债　Other Liabilities
总负债　Total Liabilities

图 1-1　货币当局资产负债表的截图

资料来源：中国人民银行官网。

称央行）官网截取的"货币当局资产负债表"的一部分。简单来说，资产负债表是反映一个机构有多少资产、债务的明细表。

图中框起来的项目，如储备货币、不计入储备货币的金融性公司存款、政府存款和自有资金，这些都是实实在在的钱，却都属于负债项目。意思是央行持有这些钱，等于持有"欠条"，没想到吧！

中央政府为什么敢于做出这样的承诺呢？因为中央政府代表了国家，拥有"国家信用"。而国家信用的背后，有国家的信誉、征税权和货币发行权作担保。

但如果一个国家的社会经济出现了严重的问题——就像津巴布韦那样，那么国家信用就会严重受损，货币就会急剧贬值，这时人们往往会尽快将手里的钱转换成真正的财富。

第二个问题，如果这1 000万货币是小明买房贷的款呢？

这是财富吗？当然也不是。

今天银行放款给我们买了房，未来我们都得还回去。有房贷的读者都清楚，一般30年期的房贷，连本带息的总金额往往会比房子的总价还多。

提出这个问题，我想表达的是，现代社会的货币，有时候不仅不是财富，反而意味着债务。

比如我们去一线城市的大街上，随机找一个人，他可能就身家几百万元，但很可能也同时负债几百万元。

个人如此，企业更是这样。很多企业，其账户上的钱看起来是天文数字，但负债也是天文数字。

为什么无论个人还是企业都可以有很多负债呢？因为现代金融体系就是可以让我们很方便地把未来可能赚的钱挪到今天来花。

这是怎么做到的呢？靠的还是信用。无论你买房、买车，还是使用花呗、借呗，金融机构都会通过各种方式掌握你的信用情况，这就是对个人的信用评估。如果企业需要贷款，银行则会全面了解和评估企业的财务情况和经营状况，以确保其"信用良好，风险可控"，这就是对企业的信用评估。

现在我们将上述两个问题放在一起，就会发现同一个关键词，即"信用"。

国家"印钱"依靠信用，个人和企业借钱也依靠信用。因此，现代社会的钱，本质并非财富，而是信用。

金融，简单来说就是钱的活动，既然钱的背后是信用，那么金融实际上就是信用的活动。

如果你能清晰地认识到这一点，那么你的认知水平就已经超过了绝大多数普通人了。

二、M2：我们到底有多少钱

理解了钱的本质后，我们再来思考一个看似"无厘头"的问题：全社会到底有多少钱？有读者会说，那当然是天文数字了，但跟我有什么关系呢？

有关系，而且至关重要。经济就像一条大河，钱则是这条河中之水。水的多少，直接决定了河流的涨落。我们每个人都如同河中的蜉蝣，我们的生活和财富，都会随之沉浮。具体来说，全社会的钱的多少和流动情况，是我们进行投资理财时必须密切关注的核心因素。

所以全社会到底有多少钱呢？回答这个问题前，我们需要先了解三个核心统计指标——M0、M1、M2，如图 1–2 所示。

M0 指的是社会中流通的现金。

M1=M0+ 企业活期存款。

M2=M1+ 企业定期存款 + 居民存款（活期 + 定期）+ 非银行机构存款 + 非存款机构部门持有的货币基金。

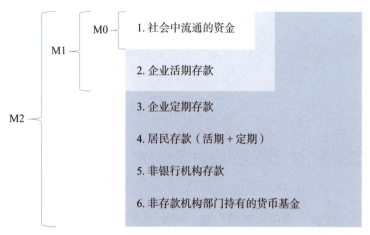

图 1-2　M0、M1、M2 的构成

是不是看着挺复杂，我们可以简单理解为：M0 就是现金，M1 就是现金加活期存款，M2 就是现金加活期存款再加定期存款。

打个比方，M1 和 M2 的关系就像新鲜肉和冷冻肉，虽然都是肉，但新鲜肉可以直接吃，而冷冻肉则需要解冻后才能吃。但为什么还会存在冷冻肉？要么是肉多了，要么是自己胃口差了，所以干脆先冻起来。

M1 和 M2 的"活性"是不同的。M1 比较灵活，可随时支取进行交易。M2 的定期存款部分灵活性差一些，毕竟支取的时间有限制。

这三个指标都代表了"钱"，但 M2 范围最广，它代表了全社会所有的钱。

回到最开始的问题，全社会到底有多少钱？如图 1-3 所示，截至 2023 年年底，我国的 M2 余额达到 292.27 万亿元，创 6 年来新高。

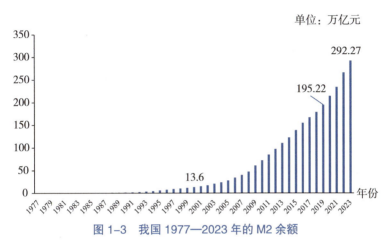

图 1-3　我国 1977—2023 年的 M2 余额

数据来源：中国人民银行官网。

这些指标到底有什么用呢？

很有用。我们重点把握"M1 增速-M2 增速"这个数据，就可以比较好地判断经济形势，进而预判股市的走向。

我们知道，M1 是现金 + 活期存款，M2 是 M1+ 定期存款，也就是说 M1 都是灵活支取的"活钱"，M2 则多了一部分定期存款的"死钱"。

因此，当 M1 增速-M2 增速 >0 时，意味着"活钱"比"死钱"增加得更快，这也意味着大家对经济的预期在变好。毕竟，大家更愿意投资、消费，才会把更多的活钱放在手里。例如，企业手里同时有几个项目在运转，那么它自然就需要更多的运营资金；小明准备买一套房，他自然就会把钱放在活期存款里随时待命。

相反地，当 M1 增速 –M2 增速 <0，意味着"活钱"比"死钱"增加得慢，人们对经济不看好，公司不想上项目，消费者不想消费，自然就把更多的钱放到定期存款里。

知道了经济形势，我们接下来就可以研判股市走势了。

图 1–4 是沪深 300 指数与我国 M1 同比增速 –M2 同比增速的走势对比图，关于沪深 300 指数我们会在本书的操作篇进行详细介绍，简单理解就是它可以代表中国股市的整体走势。

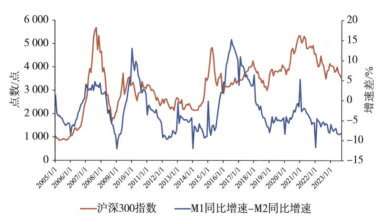

图 1–4 沪深 300 指数与我国 M1 同比增速 –M2 同比增速的走势对比图

数据来源：Wind。

从图 1–4 中可以看出，每当 M1 同比增速 –M2 同比增速这根蓝线见底时，沪深 300 指数很快就会上涨，并在 7~15 个月后达到高点，具体如下。

2006 年 1 月 M1 同比增速 –M2 同比增速见底（–8.58%），2007 年 8 月沪深 300 指数上涨到阶段最高点。

2009 年 1 月 M1 同比增速 –M2 同比增速见底（–12.11%），2010 年 1 月沪深 300 指数上涨到阶段最高点。

2014 年 1 月 M1 同比增速 –M2 同比增速见底（–12%），2015 年 4 月沪深 300 指数上涨到阶段最高点。

2020 年 1 月 M1 同比增速 –M2 同比增速见底（–8.4%），2021 年 1 月沪深 300 指数上涨到阶段最高点。

为什么会这样呢？我们可以这么理解：M1 同比增速 –M2 同比增速见底，说明经济形势处于低点，这时，国家就会出手提振经济，当大家对经济和发展的信心开始恢复时，股市往往会很快做出反应。

对我们来说有什么指导意义呢？我们可以发现，M1 同比增速 –M2 同比增速见底这个事儿很有规律，首先，它很容易出现在 1 月，其次，近 20 年来它的极限是 –12%。因此，我们可以通过央行官网密切关注 M1 同比增速和 M2 同比增速的走势，尤其是 1 月。

三、银行：钱到底怎么来的

上一节提到，截至 2023 年年底，我国 M2 余额达到 292.27 万亿元。那么问题又来了，这么多的钱是从哪里来的呢？

有人会说，这还用问吗，当然是通过印钞机印出来的。

的确，国家拥有印钞权，我们手中的现金都是由中国印钞造币总公司直接印制的。

然而，正如前文所述，印钞机印的流通中的现金只是 M0。截至 2023 年年底，我国的 M0 总额为 11.34 万亿元，仅占 M2 总额的 3.88%。

换句话说，M2 中的另外 96.12% 都不是现金！

这些钱不是现金那是什么呢？通过了解 M2 的构成，我们可以得知，这 96.12% 主要是各种银行存款。银行存款并非现金，自然不是印出来的，那么它们是怎么来的呢？

答案可能会出乎你的意料——其中绝大部分是通过银行发放贷款而"凭空"创造出来的！

举个例子

小明想开一家烤鸭店，预计投资 100 万元，于是他向银行贷款 100 万元。当银行将这笔贷款发放出去时，会发生以下几个事实。

第一，银行会记录一笔 100 万元的贷款记账，表明小明欠了银行 100 万元。

第二，银行并没有将其他储户的存款转移给小明（否则大家的存款岂不是朝不保夕）。

第三，在绝大多数情况下，银行也不需要从金库中取出现金，除非小明偏要扛一蛇皮袋现金回去。

第四，小明的银行账户会显示一笔 100 万元的存款记账。

第五，中国印钞造币总公司不会为此专门印刷 100 万元现金。

仔细思考这五个事实，你会发现，这 100 万元存款实际上就是银行"凭空"创造出来的，同时产生的是银行 100 万元的贷款记账，这个世界上并不会多出 100 万元现金出来。

这笔存款记账和创造它的贷款记账就像自然界的一对正负电子，它们可以稳定地独立存在。但二者一旦相遇（小明归还 100 万元贷款的时候），存款记账和贷款记账会一起一笔勾销，就如同正负电子相遇湮灭一样。

简言之，"贷款创造了存款"。

关于这一点，如果大家感兴趣，还可以阅读央行货币政策司原司长孙国峰的论文，正是凭借这篇论文，他获得了"孙冶方金融创新奖"。

那么问题又来了，既然没有印新的现金出来，这个世界凭什么会多出这么一笔银行存款呢？

凭的当然就是信用。正如我们在前文中所提到的，现代社会的钱，背后是信用。当小明申请 100 万元的贷款时，银行会审查他的学历、工作和现金流，只有确保他有足够的信用，才会贷款给他。

在学术上，这种银行存款是典型的信用货币，而目前世界上绝大部分货币都是信用货币。

前文提到过一个数据，即到 2023 年年底，我国的 M2 余额为 292.27 万亿元。如果将这个余额平均分给 14 亿中国人，每人能分到 20.88 万元！这还不包括各种实物资产，仅仅是现金和存款。

那么，我们真的这么富有吗？如果我们理解了信用货币的概念，就能明白，原来不是我们有钱，而是我们喜欢借钱。政府喜欢借钱去修桥修路修大楼、企业喜欢借钱去投资工厂上项目、老百姓喜欢借钱去买房买车……

大家不断地借钱，M2 余额自然就不断地上涨了。

四、利率：钱原来还有价格

利率这个概念大家都熟悉，无论是存款、房贷还是花呗，都涉及利率，生活中利率无处不在。借钱要给利息，这是天经地义的事情。从这个角度来看，利率可以被理解为钱的价格，或者更确切地说，是钱的使用权的价格。

这看似是一个简单的概念，但却是我们搞懂金融理财至关重要的一个核心概念。那么它为什么这么重要呢？

举个例子

假设有一个国家，无论是存款还是贷款，利率都一样，都是3%。现在我们将利率从3%降至0，其他条件保持不变，看看会发生什么事情。

我们先来看有存款的人。这些人发现，之前存钱还能有3%的利息，但现在却一分钱也没有了，那还存个什么劲，还不如取出来呢。然而钱拿在手上会贬值，还不如赶紧消费掉或投资个项目呢。

于是，存款会大幅减少，而消费和投资则相应大幅增加。

再看想借钱的人。他们发现以往贷款还需要支付 3% 的利息，现在直接降到 0 了，于是就会毫不犹豫地贷款，因为随便投资一个项目，只要能够获得 1% 的利润，那也是纯赚啊！

换句话说，当利率从 3% 降至 0 时，人们一方面会减少存钱，另一方面会更多借钱。人们把更多钱拿在手里，就会进行更多的消费和投资。

经济是一环扣一环的，比如你买了个手表，卖表的人赚到钱就可能去买车，卖车的人赚到钱就可能去买房，卖房的人赚到钱又去买表，形成一个良性循环，整个经济就更活跃了。

简单地降低利率（即降息），每个人都能开始赚钱，生活就会变得更好了，是不是很妙？

所以只要降低利率就能解决经济问题吗？非也。回到刚才的例子，现在人们可以轻松地借钱，也更容易赚钱，企业就会发现自己卖的商品供不应求，于是涨价。不仅仅是普通商品，原材料、能源的价格也会涨，这就是通货膨胀了。

物价快速上涨当然不是什么好事，于是央行就会反向操作，提高利率（即加息）给太热的经济降降温，抑制通货膨胀。

图 1-5 是美国 2008—2023 年基准利率走势，可以看到 2020 年年初，美国经济因疫情受挫严重，美国基准利率短时间内就从 1.75% 下调到 0.25%。到了 2022 年 2 月，美国通货膨胀变得严重，于是开始连续加息，到 2023 年 11 月，美国基准利率已

经达到惊人的 5.5%。这就是一个典型的降息、加息过程。

图 1-5　美国 2008—2023 年基准利率走势图

数据来源：Wind。

可以看到，利率并不简单，从某种意义上说，它就是"**经济的总旋钮**"。经济下行了，央行就会把利率"旋低一点"以刺激经济；经济过热了，央行就会把利率"旋高一点"，以抑制通货膨胀。

这里就有个问题了，我国央行加息、降息，调的到底是哪个利率？这个说来就复杂了，因为我国央行可以调整好几个不同的利率，如 SLF[①]、MLF[②]、再贷款再贴现利率、逆回购利率、LPR[③]。

这么多名词，我们用不着每个都去搞清楚，只需关注与我

① SLF 是 Standing Lending Facility 的首字母缩写，意为常备借贷便利。
② MLF 是 Medium-term Lending Facility 的首字母缩写，意为中期借贷便利。
③ LPR 是 Loan Prime Rate 的首字母缩写，意为贷款市场报价利率。

们日常生活最为紧密的那个——LPR。所以下一节我们重点介绍
LPR，看看央行到底是怎么调整利率及利率是怎么影响我们的
生活和投资的。

五、LPR：钱原来还有参考价

前文提到，LPR 是 Loan Prime Rate 的首字母缩写，即贷款市场报价利率，简单来说，就是我国银行发放贷款的"参考价"，跟我们每个人都息息相关。

如果我们把钱看成一种特殊商品，那么银行做的就是钱的买卖。吸收存款即"买钱"，发放贷款即"卖钱"。其中"卖钱"的利率就是贷款利率，如房贷利率、车贷利率或企业经营贷利率，等等。

这个利率银行不能随意设定，否则市场可能会乱套。例如，企业总有资金紧张的时候，如果正好整个市场也资金紧张，银行狮子大开口，定一个 20% 的利率，那么企业就会很"受伤"。

于是，我国就引入了 LPR 作为贷款利率的参考标准。目前，我国的 LPR 主要包括 1 年期和 5 年期以上两个部分。其中，1年期 LPR 是短期贷款利率的参考标准，而 5 年期以上 LPR 则是长期贷款利率的参考标准，如房贷。

要查看 LPR 数据，我们可以访问中国人民银行的官网。图

1–6 是我国 2019—2023 年的 LPR 数据。可以看到，自 2019 年
8 月启用 LPR 以来，我国的 LPR 一直保持下降趋势。

图 1–6　我国 2019—2023 年的 LPR 数据

资料来源：中国人民银行官网。

那么，LPR 是如何确定的呢？是由 20 家代表性的银行每个
月定期报价，然后央行作为评委，剔除一个最高价和一个最低
价，计算出剩余报价的平均数，从而得出 LPR。

但这 20 家银行并非随意报价，而是在 MLF 的基础上进行
加点或者减点。因此，LPR=MLF+20 家银行加 / 减点的平均数。

MLF 又是什么呢？ MLF 是 Medium-term Lending Facility 的
首字母缩写，即中期借贷便利，人送外号"麻辣粉"。

我们可以把央行理解为"银行的银行"，而 MLF 就是央行
给银行的一种贷款，银行缺钱了，就可以通过 MLF 找央行借钱。

而 MLF 的利率，则是由央行设定的。

当经济比较低迷时，央行可以选择降低 MLF 的利率，以刺激经济增长。MLF 的利率下调可能间接导致 LPR 降低。而 LPR 降低会直接影响我们的生活。

首先，我们的房贷压力会减小。这是因为我国的房贷利率是在 5 年期以上 LPR 的基础上，由各个城市根据自己的情况加 /减点形成的。

以深圳为例，在 2023 年 9 月 29 日之前，深圳的首套房房贷利率是在 LPR 的基础上再加 0.3 个百分点。2023 年 6 月 20日，央行 MLF 从 2.75% 下调到 2.65%，5 年期以上 LPR 相应地从 4.3% 下调到 4.2%。这时，深圳的首套房房贷利率就从 4.6%（4.3%+0.3%）下调到 4.5%（4.2%+0.3%）。

因此，如果你看到新闻说，MLF 下调或者 5 年期以上 LPR下降，就意味着房贷利率下调了。

其次，对股市是利好的。当 LPR 下调时，企业和个人更愿意向银行贷款，他们手里的钱就会更多。金钱永不眠，市场上多出来的钱，总要找一个收益高的好去处。这些资金要么用于实体经济投资，如开设新店、新厂或购买新的机器设备等，企业的财务状况和股价就会表现更好；要么直接投资股市，而股市就像一个蓄水池，当更多的资金流入时，股价往往也会水涨船高。

因此，如果你听说 LPR 下降了，那么应该意识到，利好股市!

　　当然，实际情况并没这么简单，这里还涉及预期的问题。例如，大家都预测 LPR 会下降，后来也确实下降了，但下降幅度低于预期，那么股市短期内可能不仅不会上涨，还可能下跌。这个在第四章的"预期"一节我还会详细介绍。

六、"放水"：钱印多了有什么影响

前文提到，2019 年，我国 M2 余额还不到 200 万亿元，而到 2023 年年底，我国 M2 余额已达到 292.27 万亿元。这意味着在短短 4 年内，我国 M2 余额增加近 100 万亿元。

这是怎么回事呢？原因就是大家常说的"放水"。

把时间维度放宽，我们再看一组数据，如图 1-7 所示。

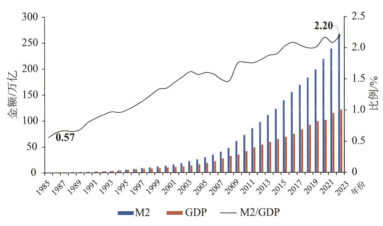

图 1-7　我国 1985—2023 年的 M2、GDP 数据及其比例

资料来源：《中国统计年鉴》。

1985年，我国M2占GDP的比例是57%，而到了2022年，M2占GDP的比例已经达到了220%！其中，GDP简言之就是整个国家一年创造的经济总量。

1985年，我国M2总量仅为经济总量的一半多点，但到了2022年，M2总量已经达到了经济总量的两倍以上。这意味着，"放水"是一个长期现象。

那么，"水"是怎么"放"的呢？

前文提到，M2中的96.12%都是以银行存款的形式存在的。关于这些存款是如何形成的，我们在第二节已经介绍了，是通过银行发放贷款"创造"出来的。

因此，要实现"放水"，关键在于让银行能够发放更多的贷款。

如何让银行更多地发放贷款？关键在于利率。当央行降低利率时，银行会从央行获得更多的资金。更关键的是，普通民众和企业也会更愿意向银行借款。大家都去借款，M2的余额就会增加。这个过程被称为"放水"。

更重要的问题来了，"放水"对我们普通人有什么影响呢？

物价不断上涨，钱越来越不值钱，所以生活水平会越来越差？这种观点挺流行，但其实是一个流行的谬误。

改革开放这么多年，我们确实在不断"放水"，但随着生产力的不断提高，我们的衣、食、行，甚至是住的生活水准不仅没有下降，而且整体上还在不断提高，这一点大家有目共睹。

那么真正的问题是什么呢？我们来看图 1-8。

图 1-8　1801—2011 年美国大类资产走势图

资料来源：《股市长线法宝》。

图 1-8 是沃顿商学院的西格尔教授收集的美国在过去 200 年里各个大类金融资产的表现，意思是，如果 1801 年用 1 美元买入各大类资产，到 2011 年这 1 美元会变成多少钱？

表现最差的是现金。1801 年的 1 美元到 2011 年只值 5.1 美分，贬值了 95%。

黄金稍好，1801 年 1 美元买的黄金，到 2011 年能值 3.12 美元，也就是说 200 多年里涨了 2 倍多点。

债券表现不错，短期政府债券在 200 多年里涨了 270 多倍，而长期债券涨了 1 600 多倍。

股票的表现最惊艳，如果 1801 年投资美国股市买入 1 美元的股票，到 2011 年，这些股票能值约 103 万美元。

可以看到，在更长的时间维度里，看似最安全的现金，实际上最危险；被认为很保值的黄金，实际上不过尔尔；被认为是风险偏低的债券，在较长的时间周期里保值增值效果很不错；而被认为风险很大的股票，在长周期里实际上赚翻了！

这实际上告诉我们，**在长期、持续的"放水"过程中，不同的资产价值会产生悬殊的分化。**

那么，"放水"对我们的真正影响是什么呢？

我们来思考一个简单的问题就明白了，天量的"水"放出来后会平均分配给每个人吗？显然不会。更懂得获取和持有优质资产的人会近水楼台先得月，其资产价值水涨船高。而那些不懂得获取和持有优质资产的人则会在长期"放水"的过程中与前者的差距不断变大。

所以答案呼之欲出："放水"的真正影响是人群中财富的分化。

七、融资：钱如何流入我们口袋

前文我们介绍了"放水"的概念。这其中有个很重要的问题，就是"水"放出来后，是怎么流到一个个企业和老百姓的口袋里的？是免费赠送的吗？当然不是，是通过融资。

融资，说起来挺简单的，社会上有的人需要资金，有的人资金有富余，现在搭建一个桥梁，资金就可以从资金富余的人手里流向需要资金的人手里，从而实现双方的利益最大化，这个桥梁就是融资。

但融资实际上很复杂，因为它涉及真金白银，而且人心隔肚皮，信任问题很棘手，所以值得好好说一说。弄懂了融资，我们就算弄懂了金融这枚硬币的一个面，这也可以帮我们更好地去理解投资。

融资可分为直接融资和间接融资。

举个例子

小明开发了一个 App 并准备创业。他的大舅非常看好这个项目，投资了 100 万元，这被称为天使投资。

两年后，小明的公司用户增长迅速，但盈利仍然不稳定。某某资本对这家公司非常看好，投资了 1 亿元，这被称为风险投资。

再过几年，小明公司的盈利稳步增长，成功上市。整个过程中，无论是天使投资、风险投资还是上市，对小明的公司而言，都属于直接融资。

又比如，小黑的工厂生意很红火，准备再投资 2 000 万元扩建一条生产线。于是，他拿厂房机器作抵押，向银行贷了 2 000 万元。这就属于间接融资。

直接融资和间接融资有什么区别呢？

顾名思义，在间接融资中存在银行这样的中间机构。银行一边将千千万万储户的钱汇集在一起，一边将资金贷给千千万万个小黑这种需要钱的人，这两拨人不会直接接触，而是分别与银行建立借贷关系。

而直接融资则不存在这样的中间人。无论是小明的大舅、某某资本，还是股民，他们都直接与小明的公司发生投资关系。

如果我们把钱看成一种特殊商品，那么直接融资和间接融资就是钱这门生意的两种商业模式。

银行放贷这种间接融资的商业模式是赚存贷款的利差。虽然利差并不是很大，但做的是一个十拿九稳的生意，因为放出去的款基本能收回来。那么随着业务规模的扩大，银行的利润还是相当可观的。

我国大部分银行的贷款都能够顺利收回，这是怎么做到的呢？这主要归功于严格的制度。申请过房贷的读者应该深有体会，其手续烦琐至极。此外，许多银行还有终身追责制度，即银行经理发放的贷款若未能收回，他将终身承担责任。

正因如此，银行往往更倾向于锦上添花，而不是雪中送炭。房地产行业红火时，银行经理会主动向大型地产商提供资金，但对于没有抵押资产的民营小企业，则"抠门"得多。但这并非冷漠，而是由银行放贷这种间接融资的商业模式决定的。

直接融资这种商业模式就大不一样了。比如风险投资，采用的就是广撒网的策略，100 亿元资金分散投资 100 个项目，跑出一两个百亿级项目，赚的钱就能够覆盖其他项目的全部亏损，而且还能赚不少。

这些被投资的企业通常规模较小，大多是创新型企业。通常情况下，银行不愿意为它们提供贷款，而风险投资这种直接融资方式就给了它们发展壮大的机会。

最后总结一下，融资和投资是金融这枚硬币的两面。融资分为直接融资和间接融资，可以理解为"钱的两种商业模式"，一种是银行这种赚利差的模式，强调贷款资金的回收，更适合大型企业；一种是风险投资这种广撒网模式，核心在于能够押中有潜力的项目，更适合中小企业。

八、泡沫：钱怎么制造危机

钱是好东西，这大家都同意。但大家未必知道，钱其实也很危险，经常会制造危机。

20 世纪以来，全球已经历了 20 多次重大的经济、金融危机，如 1929 年的美国大萧条、20 世纪 90 年代日本的"失去的十年"、1997 年的亚洲金融危机，以及 2007 年的美国次贷危机等。每一次危机都如同惊涛骇浪，给人类社会带来了巨大的冲击。复盘这些危机，几乎都是钱惹的祸！

那么，祸是怎么惹出的呢？很多都是通过制造经济"泡沫"的方式。

什么是"泡沫"呢？顾名思义，一方面，各种资产的价格处于暴涨状态，如房价暴涨、股价暴涨，就像泡沫一样，膨胀得很大；另一方面，这些资产的价格又远远超出了其实际价值，就像泡沫一样，里面是空的，一碰就破。

举个例子

对日本稍微有些了解的读者，一定听过"失去的十年"。这是指日本在 20 世纪 90 年代，经济陷入了长达十年的大萧条，而且这一影响一直延续至今。

这一切都源于 20 世纪 80 年代末那场"疯狂的泡沫"：据统计，1985—1990 年，日本的土地资产总值增长了 2.4 倍，达到 15 万亿美元，比当时的美国土地总值多 4 倍。

同期日本股市的总市值增加了 4.7 倍，达到美国股市的 1.5 倍，占全球各大股市总市值的 45%！

然而好景不长，从 1989 年开始，情况急转直下。日本股价 5 年内暴跌了 80%，房价也暴跌了 70%，破产、自杀的人不计其数。

那么，金钱是如何制造这种疯狂的泡沫的呢？

回到 1980 年代。当时的日本经济发展势头强劲，但同时也面临着美国来势汹汹的经济制裁。

由于对美国经济制裁的担忧，日本政府决定将利率从 5% 降到 2.5%。于是货币供应一下子猛增，也就是前文讲的"放水"。

但是，在 1986 年，日本的出口增长了 19%，经济增长达到了 3.1%，经济状况实际上还挺好。因此，大量的资金并没有流入实体经济，而是涌入了股市和房地产市场，导致股价和房价迅速上涨。

泡沫是由不合时宜的"放水"造成的吗？也不完全是。"放水"只是一个诱因，关键还是人性的贪婪。

当人们看到虽然受到美国的打压，但日本的经济仍然表现强劲，尤其是股价和房价持续上涨时，他们产生了一种盲目的乐观情绪和投机的冲动，开始疯狂地借钱去炒股炒房。

据报道，日本曾经有一家饭馆的老板从金融机构贷款高达2.77万亿日元用于炒股和炒房！这实在是太疯狂了，可以想象一下，如果你是一家饭馆的老板，现在去找银行借款100亿元人民币用于炒股，该是什么场景。

那么，泡沫后来是如何破灭的呢？

从泡沫吹起来的过程中我们可以看到，泡沫的本质是"离谱的债务"（比如一个饭馆老板借2.77万亿日元炒股、炒房）和"离谱的资产价格"（比如"东京地皮能买下全美国"）。

看到市场如此疯狂，日本央行开始紧急提高利率。这就像一根针，刺醒了所有处于疯狂状态的人们，于是"聪明的智商重新占领高地"，大家这才"发现"资产的价格居然这么离谱。

人们开始抛售资产，资产价格开始下跌，但那吓人的债务可是一分钱没少，于是人们进一步抛售资产，资产价格加速下跌。最终，泡沫会以惨烈的方式破灭。

这对于我们个人的投资理财具有重要的警示意义。

事实上，大多数人投资失败的原因不是市场太低迷——市场太低迷时，大多数人不会进场。

最大的原因恰恰是市场太火热！ 因为市场火热，原来根本

32

不关注市场的人也开始跟风买入，但这时候往往行情已经接近尾声，于是跟风进场的人就会买下一个大泡沫，成为最后的接盘侠。

正如巴菲特的导师本杰明·格雷厄姆所言："牛市，是普通投资者亏损的主要原因。"

通过学习金融理财知识，我们可以更好地识别牛市和泡沫，在恰当的时间进场，在恰当的时间离场，这样才可以赚到我们本来可以赚到的钱，避免成为后知后觉、跟风入场的接盘侠！

九、美元：钱怎么收割全球

上一节我们介绍了钱的危险性，这一节我们来聊聊钱的威力。钱用好了可以说法力无边，甚至可以收割全球，你肯定猜到了，我说的就是美元。

美元为什么可以收割全球？

因为它是独一无二的世界货币。什么是世界货币呢？最关键的一个特征是，世界各国之间做生意都离不开它。全世界 200 多个国家和地区，相互之间的贸易往来错综复杂。如果货币不统一，那将会变得非常混乱。统一用一种货币就会方便得多，美元就是这个统一的货币。

成为世界货币具体有什么好处呢？

首要一个好处是：美国可以比较放肆地印钞。我们已经在前文中讨论过"放水"并非万能之策，过度的"放水"会带来很大的麻烦。这就好像往一个边沿无限高的池子里"放水"，水放越多，水位越高。物价就会水涨船高，老百姓会受不了；资产价格也会水涨船高，可能会造成"泡沫"风险。对一般国家来说，这"水"是溢不出去的，因为别的国家不认。但美国不同，美国"放水"到一定程度，"水"可以溢往全世界，因为全世界几乎都认美元。

因此，美国人似乎非常热衷于"放水"。尤其是在经济不景气的时候。经济不景气？"放水"！"欠外债"？"放水"！

美联储前主席格林斯潘曾直截了当地表示："美国政府不会破产。""美国可以在任何时刻印钞票还债。"

另一个好处是，美元可以收割全球。怎么收割呢？靠所谓的"美元潮汐"。

大家可能会经常在新闻中看到这些话，"美联储降息了""美联储又加息了"。美联储，就是美国的央行，美联储降息，就是之前说的"放水"，美联储加息，就是收紧水龙头。

但美元"放水"不同凡响，它会像海水一样流向全世界，就像海水涨潮。而美联储收紧货币政策则像海水退潮。因此，美元从降息到加息的整个过程被称为"美元潮汐"。

故事的全貌是这样的……

美国先"放水"，天量的美元作为世界货币就会像海水一样流向全世界。这些美元会进入各国（很多是发展中国家）的股市、楼市去寻求投资收益，这些国家的资产价格就会水涨船高甚至产生泡沫。

美国再次加息，全球的美元将大量回流美国。为什么呢？因为收益较高且相对安全。例如，2023 年 9 月，美国经过连续加息，基准利率已经达到了 5% 以上。这就意味着，钱存在美国，就可以赚到 5% 以上的收益。

这时，各国市场的美元就会迅速减少，泡沫资产的价格就会暴跌，这些国家的经济往往就会出现大问题甚至崩溃。

关键的操作来了，美国资本这时会杀个回马枪，趁机大肆购买这些价格暴跌的核心资产，收割完毕！

例如，全球最大的铁矿石公司——淡水河谷（VALE.US），原本是巴西的国有企业。然而，在 1997 年巴西遭遇金融危机的时候，被私有化贱卖。目前，该公司 53.67% 的股权掌握在美国人手里！

那么，我国会受到"美元潮汐"的影响吗？得益于我国长期执行的稳健的外汇管制政策和严格的金融监管政策，国际金融资本在我国很难大进大出，所以这一套玩法对我国基本是无效的！

十、资产：钱到底怎么增值

资产是一个运用很广泛的词，但越是运用广泛，我们往往越不容易说清楚它的概念。资产到底是什么呢？如果用一句话来说，就是"能够主动地、持续地将钱放入你口袋的东西"。如何理解这个概念呢？

举个例子

上班族小明赚了点钱，贷款买了台车，用来周末兜风、周边自驾游，这台车是资产吗？

显然不是，因为这台车不仅不会不断往小明口袋里"放钱"，还会不断地从小明口袋里"掏钱"，如车险、车贷、停车费、油费等。因此，这台车对小明来说其实是"负债"，也就是与资产相反，是不断从小明口袋里"掏钱"的东西。

那么车子一定是负债吗？也未必。

房产销售员小黑每天都要带客户到处看房，因为没车，他每天跑断腿，效率还不高。小黑一咬牙，贷款买了台二手好车。

效果立竿见影，不仅带客户看房的效率明显提升，而且客户一看车觉得小黑有实力，值得信任，当月就开了好几单。

因此，这台车对于小黑来说，就是资产吗？也未必。

我们还需要比较小黑的车贷月供和他因为买车而每月额外赚取的收入。只有当每月额外赚取的收入超过车贷月供时，我们才能说这辆车是资产。

然而，这还不是最佳的资产。小黑的这台车不会主动把钱放到小黑口袋里，而需要小黑费时费力去奔波。

小白是某一线城市的居民，他的父母在他成年时赠予了他一栋楼。他每月躺着收租 10 万元。这才是主动往口袋放钱的优质资产。

搞清楚了这个概念，对我们非常有意义。因为它代表的是一种能够帮助我们通往财富自由的理念。

到底什么是财富自由？简单来说，就是"睡后收入"能够完全覆盖生活开支，而不再需要为了生活出卖自己时间的状态。

这里的"睡后收入"是指不需要工作就能自动产生的收入。那么，这种收入是如何自动产生的呢？当然就是通过资产产生的。

这里面的区别，就是"赚钱"和"挣钱"的区别。赚由"贝"和"兼"组成，贝就是钱，"贝＋兼"意思是钱生钱；挣由"扌"和"争"组成，"扌"就是手，"扌＋争"，意思是用手去争取钱。

而这正是古今中外穷人和富人的最根本区别。

那么，钱到底怎么增值呢？答案呼之欲出，那就是要用钱不断买入资产，同时尽可能减少负债。

然而，这句话虽然正确，也有一定的指导意义，但还属于"鸡汤"范畴。具体应该如何操作呢？

实际上，"鸡汤"的最大问题就在于只管呈现一个诱人的结果，而忽略了要实现这个结果的前提是有一个完整的逻辑闭环！例如，要实现"用钱不断买入资产，同时尽可能减少负债"这个结果，逻辑闭环如下。

第一，你得有本钱。谁都知道一线城市的房子好，但没钱也只能干瞪眼。如果没有钱，那就只能先提升自己的"挣钱"能力，让自己的时间更值钱，有了足够的本金，才能买入优质的资产。那么，怎么提升自己的"挣钱"能力呢？我认为最有效的方法就是**投资自己，让自己持续成长**。注意，这就不是"鸡汤"了——只要你认识到了成长在人生中的极端重要性，真心想成长，就可以找到无数的办法！

第二，你需要具备识别真正优质资产的能力。投资失败导致倾家荡产的案例屡见不鲜，如何确保自己不会踩雷呢？唯有拥有辨别资产和负债、辨别优质资产和劣质资产的能力。而要培养和提升这些能力，唯有不断学习金融理财知识、不断实践。注意，这也不是"鸡汤"，比如我们这本书就可以让普通人快速入门金融理财知识。

因此，在本章最后一节，我们落脚到资产这个概念，实际上揭示了钱的增值及其逻辑闭环。这也是我们学习和运用金融的最终目的。

虽然并不那么容易，但是毕竟我们知道了正确的方向和路径，就凭这一点，我们就已经胜过无数后知后觉、缺乏关于钱和资产正确认知的人了。

路虽远，行则将至，让我们一起行动吧！

第二章

搞懂这些词，轻松读懂宏观经济

 如果说钱是水，那么这水就流动在一条叫作"宏观经济"的奔腾不息的大河中。我们每个人的人生、财富都由它裹挟，随它沉浮。把握了宏观经济，我们就把握了趋势。而趋势的重要性，也许远超过努力。

一、GDP：一个指标，把握经济大趋势

GDP 即国内生产总值，应该是在财经新闻中最常出现的词汇之一。它表示一个国家或地区在一段时间内创造出来的"财富"总和。

要理解 GDP，我们首先需要搞清楚什么是经济学意义上的财富。财富是指人类通过生产活动所创造出来的能够满足人们各种需求的一切最终产品或服务。

举个例子

粮食（农产品）、汽车（工业品）、楼下"托尼"老师的洗剪吹服务（生活服务）、顺丰的物流服务（生产服务）等，这些都属于经济学意义上的财富。

山上的泉水算不算"财富"呢？答案是不算。"农夫山泉"才算，因为它才是人类生产出来的。

棉纱是否算作"财富"呢？答案是也不算。因为棉纱只是中间产品而不是最终产品，需要进一步做成衣服才能满足人们

的实际需求。而且把棉纱算入 GDP 会重复计算，毕竟衣服的价格已经包含了棉纱的价值。

GDP 是怎么计算的呢？其原理是，当产品或服务被生产出来后，总归是要有人买单的，把所有买单金额加总起来，就得到 GDP 了。

都由谁买单呢？无非是普通民众、企业、政府部门及外国人。

普通民众买单被称为消费，企业买单被称为投资，政府部门买单被称为政府购买，外国人买单被称为净出口。因此，我们可以得出 GDP 的计算公式。

$$GDP= 消费 + 投资 + 政府购买 + 净出口$$

其中，政府购买很多时候也大致等同于利用财政资金进行投资，所以可以把政府购买和企业投资合并，统称为投资。这样，我们就可以将经济活动划分为消费、投资和净出口三个主要部分，这就是新闻中经常提到的经济增长"三驾马车"。

再举个例子

小明的工厂每年生产 10 万台电脑，每台电脑的成本为 3 000 元，售价为 5 000 元。其中，2 万台电脑卖给了普通民众，产生了 1 亿元的消费；4 万台电脑被政府集中采购，产生了 2 亿元政府购买；某公司投资建设培训平台，购买了 2 万台电脑，投资了 1 亿元；还有 1 万台电脑出口到非洲，净出口额为 0.5 亿元。最后，还剩下 1 万台电脑未售出。

请问小明的工厂一年对 GDP 的贡献是多少呢？答案是 4.8 亿元（1+2+1+0.5+0.3）。

有人可能会说，不对呀，0.3 亿元哪儿来的呀？实际上，这 0.3 亿元就是没卖出去的 1 万台电脑的 GDP。因为没卖出去就等于是小明的工厂自己买单，每台成本 3 000 元，被称为**库存投资**，意即为了未来的销售而预备的投资。

那么，我国的 GDP 是什么情况呢？

图 2–1 是我国 1960—2022 年的 GDP 数据，我在图中标注了三个重要的时间节点。

图 2–1 我国 1960—2022 年的 GDP 数据

数据来源：《中国统计年鉴》。

第一个节点是 1978 年，我国开始实行改革开放政策。这一年我国的 GDP 为 0.37 万亿元。

第二个节点是 1992 年，我国正式确立社会主义市场经济体制。这一年我国的 GDP 达到了 2.72 万亿元，GDP 曲线有了抬升趋势。此后，我国的 GDP 曲线呈现指数型增长。

第三个节点是 2022 年，我国 GDP 突破了 120 万亿元。从 1978 年算起，44 年间，我国的 GDP 增长了 320 多倍！可以说，我国这 40 多年的经济发展取得了巨大的成就，是人类经济发展史上的奇迹！

图 2-2 是我国 1978—2022 年的 GDP 增速，我们可以从中看出一些明显的趋势。

图 2-2 我国 1978—2022 年的 GDP 增速

数据来源：《中国统计年鉴》。

自 1998 年（当年 GDP 增速为 7.3%）到 2006 年（当年 GDP 增速为 14.7%），这期间我国 GDP 增速是节节攀升的。但自 2007 年以来，我国的 GDP 增速呈现快速下滑趋势。2023 年，我国 GDP 增速为 5.2%，相比 2006 年 14.7% 的 GDP 增速已不可同日而语。

由此可见，那个经济高速增长的时代已经过去，接下来我们必须面对经济整体较低速度发展的现实。

在经济高速发展的时代背景下，能赚钱的行业很多，容错空间也相对较大。如果一个人在某个行业中失败了，他还有机会从头再来。即使在主业上没赚到什么钱，但很多幸运儿的房产在快速增值，同样也实现了家庭财富的跃升。

但目前及可预见的未来，赚钱和容错的空间都在收窄，过去几年，生意失败、买房亏钱、遭遇裁员的人可不少。

甚至，投资理财的收益也在逐渐降低，如余额宝的收益已经明显下降，存款利率也多次下调。毕竟投资理财的收益说到底来自经济的发展，当 GDP 增速只有 5% 的时候，投资理财的平均收益自然也不会太高。

我们该如何应对呢？学点金融理财知识，就变得重要且紧迫起来。

二、PMI：一个指标，掌握经济小形势

前文已经讨论了如何通过 GDP 来把握经济的长期走势。那么，如何把握中短期的经济形势呢？这个问题同样非常重要。因为在投资理财、就业创业等方面，不顺应经济形势往往会功亏一篑。但这个问题似乎又相当复杂，专家们长篇大论地分析，我们看得稀里糊涂。

其实对于普通人来说，把握好一个指标就基本够用了，这个指标就是采购经理人指数（Purchasing Managers Index，PMI）。

大多数企业的生产经营活动，主要是一手从上游采购各种原材料、设备，一手向下游销售自家产品。

负责采购的是采购经理人。他们必须提前分析市场行情，以确保做出正确的决策。因此，这些人就好比春江水暖鸭先知的鸭子，对经济形势非常敏感。

而 PMI 就是由国家统计局对采购经理人进行问卷调查得出的一系列指数。每个月的最后一天国家统计局会公布当月的

PMI 数据。从时效性来看，PMI 是观测经济运行情况最为及时的指标之一。

PMI 是怎么算出来的？

一般的经济指标是通过统计客观数据来计算的，而 PMI 则是通过针对采购经理人的问卷调查来计算的。这些问题都是单选题，涉及订单、产量、人员、配送时间、库存等方面，只有增加、持平、减少三个选项。根据规则，增加得 1 分，持平得 0.5 分，减少得 0 分，最后计算综合得分。

例如，我们向 1 万名采购经理人发放问卷，询问他们："与上个月相比，您公司的产量是增加、减少还是持平？"有 4 000 人表示产量增加，有 3 000 人表示产量持平，另外 3 000 人表示产量减少。那么，针对产量这一细分问题，总得分为 55 分 [（40%×1+30%×0.5+30%×0）×100]。接着，我们将产量、订单、库存等所有细分问题的得分进行加权计算，最终得到的数值即为 PMI。

由于这些数据都是由采购经理人根据实际情况提供的，因此 PMI 数据被认为是最可靠的经济指标之一。查看 PMI 数据也很简单，访问国家统计局的网站或者直接在网上搜索即可。

怎么用 PMI 数据判断经济形势？

看 PMI 数据，我们只需牢记一个原则：当 PMI 得分超过 50

分时，意味着经济正在扩张；而当 PMI 得分低于 50 分时，则表明经济正在收缩。

我们可以设想，假设上述问卷的所有参与者都回答"持平"，那么最终得分就是 50 分。如果得分超过 50 分，一定说明认为增加的人多于认为减少的人，则可以判断产量将会扩张；反之，则可以判断产量将萎缩。这里的 50 分被称为"荣枯线"。

PMI 走势与股市走势是什么关系？

如图 2–3 所示，这是自 2005 年以来，我国制造业 PMI 与沪深 300 指数的趋势图。从整体上看，PMI 与股市的走势是正相关的。当 PMI 持续大幅度超过 50 或处于上升趋势时，股市有较大的可能性也会上涨。

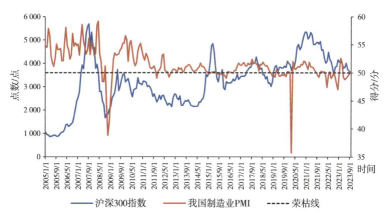

图 2–3　2005 年以来我国制造业 PMI 和沪深 300 指数走势对比图

数据来源：Wind。

例如，从 2005 年到 2007 年 11 月，PMI 都远远超过了荣枯线，这意味着我国经济在此期间呈现出强劲的增长态势。同时，我国股市在这期间也开启了历史性牛市。

2008 年 3 月到 2008 年 11 月，PMI 急速下跌，股市在这期间也急速下跌。

2016 年 4 月，PMI 达到了阶段性的底部，与此同时，A 股市场也触及了最低点。随后 PMI 开始一路上涨，A 股市场也出现了上涨的趋势。

三、CPI：一个指标，及时掌握物价走势

经济的基础在于买卖，而买卖的关键则在于价格。因此，掌握价格变动的走势，对于我们把握宏观经济、做好投资理财，是至关重要的。经济活动主要包括民众的消费和企业的生产，因此衡量价格变动水平的常用指标有两个，即消费者价格指数（Consumer Price Index，CPI）和生产者价格指数（Producer Price Index，PPI）。

CPI 反映居民家庭购买的消费品和服务价格水平变动的情况，是与日常生活息息相关的一个指标。

举个例子

2022 年度，我国的 CPI 达到了 102。这意味着，如果以上一年的消费品和服务价格水平为基准（即 100），那么 2022 年的价格水平就上涨了 2%。

假设在 2022 年年初，小明拥有 1 万元的活期存款，存款的年利率为 0.35%，到年末，小明的账户余额为 10 035 元。但

2022 年的 CPI 为 102，那么这 10 035 元的实际购买力就相当于
9 838.2 元［10 035÷（1+2%）］。

那么一年下来，小明的购买力实际上减少了 161.8 元，看起
来赚了 1 杯奶茶，实际上亏了 1 顿烤鱼。

CPI 是如何测量的呢？

CPI 是通过抽样调查法来测量的。我国已在全国 500 多个
市、县设立了 8.8 万个采集点，并雇用了近 4 000 名价格采集员
定期进行数据采集。这些采集点涵盖了商超、农贸市场、服务
网点和电商等各个领域。

商品类型那么多，如何进行有效采集呢？国家统计局会选
择那些对居民生活产生较大影响、具有代表性且数量固定的商
品和服务进行采集。这组被选中的商品和服务，即被称为 CPI
一篮子商品。

那么，这个"篮子"里都包含了哪些东西呢？目前，它包
括了以下八个大类：食品烟酒、衣着、居住、生活用品及服务、
交通和通信、教育文化和娱乐、医疗保健，以及其他用品和
服务。

图 2–4 展示了我国 2000—2022 年的 CPI。这看起来似乎也
还好，因为 CPI 最高的一年也才 105.9。这是不是说明我国钱的
贬值没那么快呢？

非也。CPI 的统计是不包含房子这个"大件"商品的，这就

解释了为什么 CPI 增速看着没有很高，但大家却感觉钱贬值得很快。

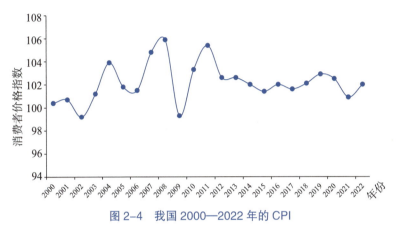

图 2-4 我国 2000—2022 年的 CPI

数据来源：《中国统计年鉴》。

如何分析 CPI 呢？

CPI 数据出来后，我们除了可以据此判断物价水平的变化，还可以借此预测央行的政策走向，进而预测股市和债市的走势。

当 CPI 涨得很快时，央行"放水"就会变慢，不利于股市和债市。逻辑很简单，CPI 上涨快，央行就会放缓"放水"甚至拧紧水龙头。市场上的"水"少了，股市和债市都会受到负面影响（在操作篇我们还会详细讲解相关的逻辑）。这里的"涨得很快"一般指同比上涨 3% 以上。

当 CPI 涨得很慢时，央行"放水"就会加快，往往利好股市和债市。CPI 上涨得慢甚至负增长，老百姓购买力提高，看起来是好事，但其实是坏消息。因为物价上涨得慢甚至下降，表明大家不愿意消费、投资，即经济活力不足。这时央行就会加快"放水"，那么股市和债市就有可能上涨。这里的"涨得很慢"一般指同比上涨 1% 以内甚至负增长。

四、PPI：一个指标，有效倒推股市走势

PPI 是 Producer Price Index 的首字母缩写，意为生产者价格指数。它反映了制造业企业产品出厂价格变动趋势和变动情况，是分析经济和股市的一个重要指标。用大白话说，就是生产端管理者们整体的生产成本。

举个例子

一件衣服从生产到消费，有四个主要阶段（见图 2-5）。首先是原材料阶段，即地里种植的棉花；其次是中间品阶段，即

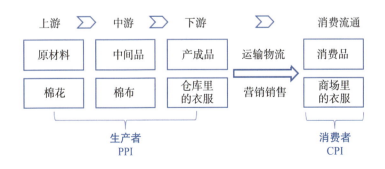

图 2-5　一件衣服从生产到消费的过程

棉布厂生产的棉布；再次是产成品阶段，即服装厂加工完成的衣服；最后是消费品阶段，即摆放在商场供消费者购买的衣服。

棉布厂购买棉花的价格被称为原材料价格，服装厂购买棉布的价格被称为中间品价格，服装厂向各地经销商批发的服装价格被称为产成品价格，商场货架上衣服的标价被称为消费品价格。

在这四个价格中，前三个价格共同构成了 PPI，反映了生产衣服的整个产业链上生产者们卖出的价格。最后一个价格则构成了 CPI 的一部分，反映了下游消费者买入的价格。

如何利用 PPI 来分析股市呢？

PPI 这个指标对我们投资理财的指导意义比 CPI 大得多，据说，投资高手们都爱看 PPI。为什么这样说呢？因为我国是制造业大国，我国的上市公司中 2/3 都是制造业企业，PPI 的变动会直接影响这些上市公司的利润，自然就会进一步影响股价。

那么，PPI 与股市之间究竟是什么关系呢？我们用数据说话。图 2–6 展示了自 2005 年以来，我国的 PPI 同比与沪深 300 指数的走势。可以看到，PPI 同比和沪深 300 指数的波动具有很强的相关性，但 PPI 同比的波动总是比沪深 300 指数慢半拍。

例如，在 2008 年 9 月，股市开始反弹上涨，但 PPI 同比直到 2009 年 7 月才见底反弹。同样，在 2015 年 5 月，股市开始见顶下跌，而 PPI 同比在 2017 年 3 月才开始见顶下跌。

图 2-6　2005—2023 年沪深 300 指数与 PPI 走势对比图

数据来源：Wind。

逻辑很简单，PPI 是经济的滞后指标，PPI 数据发布的时候，上游商品已经走完了制造和销售的全过程；而股市是经济的领先指标，它反映的是投资者对未来的预期（第四章还会展开介绍）。一个落后于经济，一个领先于经济，因此 PPI 指标会明显滞后于股市相关指标。

有人说，这个指标没法用了，都跟不上节奏。非也，我们可以逆向思维，重点关注 PPI 下跌的阶段。

一般来说，当 PPI 下跌到一半时，股市往往会领先一步止跌上涨。利用这个规律，我们就可以找到比较好的买入时机。

而当 PPI 跌至谷底时，股市往往已经到顶，准备下跌了。利用这个规律，我们就可以找到不错的卖出时机。

五、通货膨胀：为何最受伤的是打工人

通货膨胀这个词大家应该都熟悉，简言之就是物价持续上涨，钱越来越不值钱的现象。为何物价会持续上涨呢？原因很简单，要么是市场上的钱太多（即"放水"过多），要么是货太少（如生产速度过慢或需求过于旺盛），以至于**比较多的钱"追逐"比较少的货，物价自然持续上涨**。

举个例子

假设一个国家某年所有的经济产出是 1 亿个烧饼，所有的货币量是 1 亿元，那么一个烧饼的价格正好就是 1 元。

如果第二年这个国家多印了 1 亿元，货币总量就变成了 2 亿元，但还是只能生产 1 亿个烧饼，那么每个烧饼的价格就会变成 2 元。

这就是钱太多导致的通货膨胀。典型的例子是美国，疫情以来，美国为了刺激经济疯狂印美元，结果 2022 年美国物价飞涨，美国人加个油都得跑去墨西哥。

如果第二年这个国家没有多印货币，货币总量保持 1 亿元，但发生了天灾，烧饼产量减半变成 0.5 亿个，那么每个烧饼的价格就会变成 2 元。

这就是货太少导致的通货膨胀。典型的例子是疫情以来石油、铁矿石等能源、原材料价格飞涨，一个原因是能源、资源开采容易断工，产量就受影响，另一个原因是全球货船运输受阻，东西开采出来运输到各个国家也相对费劲，两个原因叠加导致全球石油、铁矿石紧缺，价格自然就涨了。

通货膨胀对大家有什么影响呢？

这要看对象。现在假设上述那个国家第二年多印了 1 亿元货币，1 个烧饼涨价成 2 元钱，或者反过来说 1 元钱只能买 0.5 个烧饼了，我们看看会发生什么。

首先，国家会受益。比如国家第一年发了 1 亿元国债，相当于欠了大家 1 亿元的债。到了第二年，国家欠大家的 1 亿元实际就只值 5 000 万个烧饼了，实际债务负担一下子就减少了 5 000 万个烧饼，就好像对所有人收了一波税，这就是所谓的"通货膨胀税"。

其次，优质资产持有者小黑很开心。小黑在一线城市核心地段有套房，第一年值 100 万个烧饼，价格是 100 万元。第二年房子还是这套房子，那么还应该值 100 万个烧饼，但这时候 100 万个烧饼的价格是 200 万元了，也就是说房子的价值没变，但价格翻倍，小黑赢"麻"了。

最后，打工人小明不是很开心。他在烧饼店打工，第一年月薪1万元，能买1万个烧饼，第二年月薪涨到1.2万元，还没开心几天，就发现自己月薪只能买6000个烧饼了，一下子变穷了！

可以看到，最受伤的是打工人。

当然，这个例子是为了便于理解，所以比较夸张，物价一年涨100%，这其实是非常严重的通货膨胀，要是真发生了，经济就得乱套了。

一般来说，物价水平上升在5%以内属于温和的通货膨胀，属于经济常态，是有利于经济发展的。道理很简单，物价温和上涨，大家的工资收入也会稳步提高，大家持有的资产价格，比如房产也会增值，也就更愿意去消费和投资，形成一个良性循环。

但如果物价一年上涨超过5%，那就可能演变成严重甚至恶性通货膨胀了，是经济的病态，不利于经济的发展。道理也很简单，当大家看到手里的钱在快速贬值的时候，就会把手里的钱换成资产去保值增值，没有人会愿意持有货币，那么货币就会被大家抛弃，经济就会乱套。

六、经济周期：下一波财富周期到了吗

经济周期，简单来说，是指经济会不断进行有规律的扩张和收缩，就像大海的潮汐一样。一轮经济扩张包括复苏和繁荣两个阶段，而一轮经济收缩则包括衰退和萧条两个阶段。

许多经济学家提出了各种不同的经济周期，其中最为人所知的是苏联经济学家康德拉季耶夫所提出的**康波周期**。在对大量的经济数据进行分析后，康德拉季耶夫发现在发达的商品经济中存在着一个持续40～60年的经济周期。在过去的200年间，全世界已经经历了四轮康波周期（见图2–7），具体的情况如下。

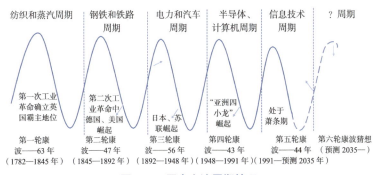

图2-7 历次康波周期情况

数据来源：周金涛 . 涛动周期论［M］. 北京：机械工业出版社，2017。

1782—1845 年为纺织和蒸汽周期。

1845—1892 年为钢铁和铁路周期。

1892—1948 年为电力和汽车周期。

1948—1991 年为半导体、计算机周期。

从图 2-7 中可以看到，每一轮康波周期都伴随着人类的重大技术和产业革命。目前，我们正处于由信息技术革命开启的第五轮康波周期。这一周期经历了以下几个阶段。

1991—2000 年是复苏期，互联网兴起，开启了人类新一轮周期。

2000—2007 年是繁荣期，信息技术深入应用。

2008—2019 年是衰退期，2008 年的金融危机打开了全球衰退的潘多拉魔盒。

2019 年至今，全球经济一直处于萧条期。贸易摩擦和逆全球化的趋势使全球经济增长进一步放缓，2020 年的疫情则大大加速了萧条的演进。

已故的中信建投原首席经济学家周金涛曾说过一句话："人生发财靠康波。"因为我们每个人一生都会经历至少一轮或者是至少跨越两轮康波周期，所以最好的人生策略就是在我们所处的那轮周期的复苏和繁荣阶段，胆子大一点，敢于下注。而一旦进入了衰退和萧条期，就要及时收手，转为防守。

这已经被无数事实验证了——在 1990 年代和 2000 年代，许多人通过下海经商、买房轻松实现了财富跃升。这是因为这个时期正好处于第五轮康波周期的复苏和繁荣阶段。

但很多人会郁闷地发现,在过去的十年里,通过创业和买房来赚钱变得越来越困难。而在过去的五年里,买房和创业甚至可能亏大钱。这背后的原因,正是第五轮康波周期的衰退期和萧条期已相继到来。

那么,我们当下应该如何应对呢?

根据规律,一轮康波周期的萧条阶段持续 10 年。因此,从 2019 年开始计算,新一轮的复苏周期的起始点最早可能在 2029 年出现。

记住这个时间点吧,在此之前,我们需要以稳健为主,不断提升自己,减少负债,储蓄现金。一旦进入复苏期,就可以稍微大胆点,加大负债,加大投资,迎接属于我们这代人的财富机遇。

那么新一轮周期将由什么来开启呢? 2021 年,全球新能源行业加速发展;2023 年,ChatGPT 横空出世。目前,一般认为新一轮周期可能会由能源革命和人工智能开启,这就是我们投资理财、就业创业需要重点关注的核心领域。

七、扩大内需：未来的核心风口在哪儿

2022 年 12 月，中共中央和国务院发布了《扩大内需战略规划纲要（2022—2035 年）》。这一规划不同凡响，其规划期长达至 2035 年。这在我国是相当罕见的，可以被视为我国未来十几年经济发展的核心指导方针。

什么是"扩大内需"呢？要解释清楚这个概念不太容易，容我细说。

西方经济学将经济活动分为供给和需求两个方面。供给简单来说是指厂商生产商品的数量。需求则是指消费者有意愿且具备支付能力购买的数量。这里需注意，是有意愿且有支付能力，有意愿买不起，那叫愿望，买得起但没意愿，那也不叫需求。

但上面这个概念是微观层面的，从宏观层面来看，这个概念就拓展为总需求，也就是一个国家在一段时间内对商品和服务需求的总和，公式如下。

总需求＝消费＋投资＋政府购买＋净出口

是不是很眼熟呢，这个就是本章开篇讲的 GDP 的计算公式。其逻辑是，一个国家的商品和服务生产出来了，总归是要有人买单的，普通民众买单叫消费，企业买单叫投资，国家买单叫政府购买，外国人买单叫净出口。把大家买的单加总在一起就是 GDP，也正好等于总需求。

内需，即内部需求。这里的"内部"是相对于国际市场而言的，不包含外国人的需求。于是，得到如下公式。

$$内需 = 消费 + 投资 + 政府购买$$

我们得到了扩大内需的准确定义，即扩大民众的消费、企业的投资，以及政府购买。

在我国的三大需求中，政府购买这一项是不弱的，甚至可以说很强势。因为我国是投资拉动型经济，经济一低迷，政府就会上项目、搞基建，其实就是扩大政府购买。

但政府购买是需要真金白银投入的。然而，当前我国许多地方的地方财政不仅资金短缺，甚至还背着沉重的债务。因此，政府购买这一项已越来越难发力了。

我们得到了扩大内需的真实且准确的定义，即重点扩大老百姓消费、企业投资，简单来说就是，让老百姓敢消费、让企业敢投资。

那么，问题又来了，我们为什么要扩大内需而非外需呢？让外国人更多地购买我们的产品难道不好吗？

当然很好。实际上，自 2000 年加入 WTO 以来，我国经济腾飞，这主要归功于我们采取的出口导向型经济政策。简单来说，就是以外国市场为目标，将我国制造的产品销售到全球各地，积极扩大外部需求。

而这背后是我国的人口红利。我们的人民不仅勤劳肯干，而且对于工资的要求相对较低。因此，我们的产品物美价廉，在全球极具竞争力，成为"世界工厂"。可以说，出口导向型经济正是我国崛起式发展的第一个引擎。

但时过境迁，内外部环境发生了巨大变化。

内部，人力成本今非昔比。今天我国的年轻人已不愿意拿着低工资进厂打工，已经"卷"不过印度等国的低工资了，我们的出口面临下滑压力。

外部，国际环境今非昔比。20 多年前，西方国家作为全球化的最大受益者，乐于接纳尚无竞争威胁且市场潜力巨大的中国。但随着我国发展得足够强大，2018 年以来，我国面临的外部发展环境越来越严峻。

于是，我们不仅了解了扩大内需的含义——让老百姓愿意消费、让企业愿意投资，而且了解了扩大内需的必要性——由于政府投资拉动和外贸出口拉动都出现了问题，居民消费和企业投资需要尽快顶上。

而企业投资在某种意义上是依赖于居民消费的。只有居民敢消费，有市场需求，企业才敢投资。于是我们像剥洋葱一样锁定了扩大内需的终极要义：**让居民敢消费**。

过去这么多年，中国人省吃俭用爱储蓄，钱很大一部分用于房贷，从单个家庭来看，这似乎不算坏事，但从整个国家来说，我们庞大的消费潜力就被封印了，亟待释放。

这就是把握我国经济未来发展方向的关键，也是我们把握未来就业创业和投资理财核心方向的关键。那么，有哪些核心方向？

老百姓的基本生活需求无非是衣、食、住、行。

"衣"和"食"行业已相对成熟，但仍会不断升级。由于细分行业众多，我们可以通过购买消费行业指数基金的方式进行投资（第六章将进一步介绍）。但"住"行业的增长潜力已经相对较小。

"行"行业的最大潜力点在于新能源汽车及相关产业链。我们可以通过购买新能源行业相关基金的方式进行投资。

在满足基本生活需求的基础上，老百姓面临着三大痛点——**怕死**、**爱美**、**孤独**。这些痛点将成为时代的风口。

首先是"怕死"。随着中国老龄化的迅速到来和疫情过后人们对健康的重新审视，投资和从事医疗健康行业都有广阔的前景。

其次是"爱美"。当温饱不再是人类最大约束时，对美的追求就会成为一个社会的整体趋势。从就业创业来讲，美甲、美睫、美容、化妆、健身都是很好的就业创业方向，而且很难被

AI 替代。

最后是"孤独"。经济越发达，社会分工越精细，大都市的人就会越孤独，所以现在"空巢青年"越来越多。这引发了两大需求：一是心理咨询，目前专业的心理咨询师严重不足；二是养宠物，宠物驯导师、宠物美容师、宠物医生等职业同样存在巨大的人才缺口。

第三章

搞懂这些词，轻松掌握生活中的金融常识

古代社会是熟人社会，解决生活中的金融需求主要靠熟人，借钱主要找同家族的，保险主要靠生儿育女。而现代社会则是陌生人社会，我们有各种专业的金融服务解决生活中的金融需求，但就是太专业了，不仅让人十分头大，甚至还有不少人因此落入了金融诈骗的陷阱……

一、人力资本：人生中最重要的金融常识

我们生活中的很多事情都涉及金融常识，如社保、房贷、保险等，但如果说人生中最重要的金融常识是什么，那一定是人力资本。

先讲个笑话。

小明：一年怎样才能赚 100 万元？

小黑：这个简单，只要在银行存 3 000 万元，1 年的利息就 100 万元啦！

小明：我要是有 3 000 万元还问你这个？

小黑：我知道怎么能赚到 3 000 万元，但你不能告诉别人！

小明：放心吧，我有钱了一定不会忘记你的！

小黑：你只要往银行存 30 亿元就行了。

这个笑话听着特别荒诞，然而实际上，它真实得可怕——**钱确实可以生钱，但前提是你得有钱。**

100 元，哪怕翻倍，你也只能赚 100 元；1 亿元，哪怕存银行，一年也可以轻松赚几百万元。

因此，投资理财固然重要，但对于年轻人来说，在还没有什么积累的时候，更重要的，其实是**不断提高自己的人力资本**。

人力资本，简言之，是指我们通过出售劳动时间来换取收入的一种资本形式，这是每个人都拥有的一项资本。

如何提高我们的人力资本呢？我们先看这个公式：

$$收入 = 时间价格 \times 时间数量$$

我们要提高收入，要么提高单位时间的价格，要么增加出售的时间数量。

增加时间数量无非是多加班，甚至多打几份工，但这种方式天花板明显。一天有 24 小时，吃喝拉撒睡、通勤和家务就至少占了 12 小时。这还没有考虑生病、情绪低落及各种杂事的干扰。因此，从时间数量上做文章，意义不大。

看来，那就只有努力提高单位时间的价格了。那么，哪些因素会影响我们的时间价格呢？

一是学历。经济学家贝克尔对美国市场的研究发现，美股市场的年均回报率约为 10%，相比之下，投资一个本科学历的年均回报率约为 18%。

二是职业。职业的选择比努力更重要。职业大致可以分为两种：滚雪球型职业和推石头型职业。滚雪球型职业随着工作年限的增加，越来越受欢迎，如医生、律师和教师等。而推石头型职业则从事重复性的工作，可替代性强。随着人工智能的快速发展，这些职业被淘汰的速度可能会加快。

三是个人成长。这是最重要的。无论什么学历和职业，说到底，如果个人能力不足，单位时间的价格最终不会高到哪里去。

于是，我们可以这么推论：要提高单位时间的价格，在学历和职业既定的情况下，关键在于不断成长；要不断成长，唯有不断学习；要不断学习，就需要投入足够多的时间。

我们作为打工人，下了班已经很累了，哪来的时间学习呢？我们需要认清这个不等式：

时间 > 金钱

越是年轻人越要认识到，**时间比金钱更重要**，因为金钱没了还能赚回来，但时间流逝了就再也回不来了。

聪明人懂得尽可能用钱去节省时间，比如花钱请人做家务，宁愿房租贵点也要住公司附近，能花钱请人教的，绝不自己浪费时间摸索。然后，他们会把节省下来的时间投入学习中，让自己不断成长。那么，他的成长曲线就会是图 3-1 这样的复利曲线，当初购买时间花的钱，只是微不足道的成本，未来能赚到的钱也许会远远超过这点成本。

愚蠢的人想当然地认为钱是最重要的，或者在他们心中，默认自己的时间是不值钱的。因此，他们为了节省那一点点钱，不惜投入大量时间，热衷参与各种优惠活动，或者沉迷于短视频，以杀死自己那"大把的、不值钱的时间"。

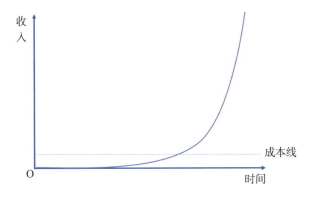

图 3-1 成长的复利曲线图

等过了 35 岁，看着同龄人一骑绝尘的背影，而自己还在原地踏步，房贷、车贷、工作、老人、小孩的压力一齐奔来，他们才后悔莫及，但这个时候再想投入时间去学习和成长，就变得十分困难了。

那么，投入足够的时间就可以快速成长吗？

显然不是。有的人一天花 8 小时学习，但也许 3 小时在发呆、3 小时在看手机、1 小时在吃东西，真正在学习的时间可能不超过 1 小时。所以我们还需要认清另一个不等式：

注意力＞时间

你一定会发现，对于学习和稍有门槛的工作来说，在 1 小时的专注时间里创造的价值远大于 8 小时漫不经心的时间。因为真正帮助我们学习和成长或者创造价值的，是我们的注意力，而不是时间。

但注意力散漫其实是刻在人类基因里的，否则我们远古的祖先就没法在危机四伏的环境中生存下来。到了现代社会，各种新旧媒体每天疯狂创造海量的信息，跟我们本就散漫的注意力简直"一拍即合"。**大段的注意力成为极为稀缺的资源，强大的专注力成为极为稀缺的能力。**

那么，怎么提高自己的专注力呢？我们就有了这个不等式：

注意力 > 时间 > 金钱

既然注意力才是真正重要的东西，那么我们就应该尽量用钱去买时间，然后尽量用钱和时间去买注意力。

如何用钱和时间来买注意力呢？

第一，只有睡得好，我们才能有好的注意力，所以我们要花足够的时间去把觉睡好。

第二，只有拥有健康的身体，我们才能避免身体病痛带来的注意力涣散，所以我们要花足够的时间和金钱去运动、去及时发现和解决身体的问题。

第三，只有保有良好的亲密关系，我们才有良好的心情。一次情绪不佳往往能毁掉至少一天的注意力。因此，我们需要花费足够的时间和精力来维护与家人、朋友间的良好关系。

第四，要善于利用最纯正的注意力。每天早起的时光、刚刚运动完神清气爽的时光，都特别容易专注，这已经被科学研究所证实，亲测有效。

二、社保：打工人最重要的福利之一

步入社会工作后，我们遇到的第一个生活中的金融常识应该是社保。因为拿到第一个月工资的时候，我们就会发现，到手的工资与企业之前承诺的工资有一截差距！然后我们就会了解到，原来是扣了税、社保和公积金。

可能有人会觉得好好的工资不给全额发放，非要扣掉这么多，挺讨厌的。其实不然，社保和公积金都是实实在在的福利，与我们的个人利益息息相关。因此，了解它们是非常有必要的。

社保即社会保险，是**国家为保障我们在生老病死等情况下不失去收入或得到补偿而设立的社会福利制度**。它主要包括养老保险、医疗保险、失业保险、工伤保险和生育保险，也就是我们常说的"五险"。不过，生育保险在 2019 年并入了医疗保险，所以现在实际上是"四险"。

那么，社会保险是如何缴纳的？具体来说，个人和用人单位需要按照一个缴存基数和各自的缴存比例，各自缴纳一部分，等我们需要养老、医疗、失业过渡和遭遇工伤时，就可以用了。

这个缴存基数按规定是将我们的各项工资和奖金全部相加，然后除以 12 得到的。具体的缴存基数和缴存比例可以去问问单位的人力资源部门。

我们的工资只会扣除个人缴纳的部分，单位缴纳的部分由单位承担。因此，这是实实在在的福利。

接下来展开介绍一下这"四险"。

1. 工伤保险

简单来说就是，打工人受了工伤千万不要自己默默承受，其实是可以获得赔偿的。什么样的情况可以被认定为工伤呢？

在工作时间、工作场所或出差期间发生事故伤害，这些情况通常被视为工伤。即使在上下班途中不幸遭遇车祸，只要事故的主要责任不在自己，也可以获得相应的赔偿。

那么工伤能赔多少呢？这个无法一概而论，可以在网上搜索"工伤计算器"来计算。

需要注意的是，如果遭受工伤，第一**要保存好证据**，第二**不能等，应立即报警并联系你的单位**。

2. 失业保险

简单来说，失业保险是一种为因非个人原因失去工作的人提供的补助金。但领取这笔钱的手续比较多，搞完一圈手续下来，可能一个月也就能领几十元钱。此外，这与你的工作年限也有直接关系，如果你的工龄较短，那么你领取的金额也会相应减少。

工伤和失业保险我们大多数时候都用不上，所以接下来我们重点介绍医疗保险和养老保险。

3. 医疗保险

医疗保险简单来说就是，平时往里面存钱，然后我们去医院看病、药店买药的时候，就可以拿着医保卡报销费用了。医疗保险使用流程如图 3–2 所示。

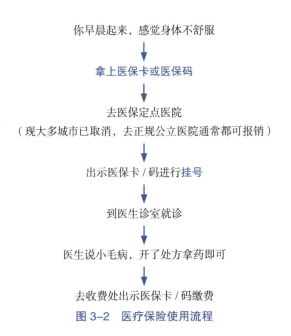

图 3-2　医疗保险使用流程

但医疗保险并不是万能的，它有一些限制条件。

首先，需要达到报销门槛才能报销。一般是门诊当年累计 800 元以上，住院单次 1 000 元以上可以达到起付线。

其次，需要到定点医院或定点药店就诊，相关信息可在国家医疗保险服务平台 App 上查询。

最后，就诊项目或药品必须在医疗保险报销目录范围内。甲类药品在目录中可 100% 报销，乙类药品部分报销，丙类药品则需自费。例如，许多进口药、特效药通常价格较高且不在报销范围内。这些药品可能非常昂贵，但在某些情况下却不得不使用，如果自费购买，负担会很重。

4. 养老保险

养老保险简单来说就是，当你在工作时，你的工作单位和你一起为你的养老金账户存款。当你退休后，国家会根据你的养老金账户中的金额发放退休金。

关于养老保险，需要注意的一点是：只有在累计缴满 15 年的情况下，才能在退休时领取退休金。如果到了退休年龄，但累计缴纳不满 15 年，需再缴费 5 年，之后才能领取退休金。

但实际上，仅依赖养老金可能并不够。从本质上讲，目前正在工作的年轻人每个月上交的钱，是拿去给上一代人发退休金了，等我们这代人退休时，再由下一代交养老金来供养我们。

但问题是，近些年我国生育率在持续下降。2022 年，我国人口首次出现负增长。这意味着，**我们这一代年轻人在负担上一代人的养老，未来却缺乏足够的人来承担我们的养老**。

根据社科院于 2019 年发布的《中国养老金精算报告 2019—2050》预测，2019 年我国的缴费赡养率为 47%。这意味着大约每两个工作的人只需供养一个已退休人员。然而，到 2050 年，随着老龄化的加剧，缴费赡养率将攀升至 96.3%，也就是说每个工作的人需要供养一个退休人员。

因此，作为个人，在养老这件事上还是要未雨绸缪，不能完全依赖退休金。首先，除了基本养老保险外，建议购买一些商业养老保险，本章第八节还会详细介绍；其次，要尽快提高投资理财能力，本书的操作篇会给出一套比较完整的方法。

三、公积金：怎么把公积金用到极致

公积金是指机关和各类企事业单位、社会团体及其在职职工，对等缴存的长期住房储蓄，是我国 1990 年代开始实行的一项住房保障制度。简单来说，这就是一个"**强制的住房储蓄罐**"。

举个例子

小明想买一个 200 元的玩具车，于是去找妈妈。妈妈认为这是帮助小明养成储蓄习惯的好机会，于是与小明约定：小明每周从零花钱中拿出 20%，也就是 20 元；同时，小明的妈妈也会拿出 20 元，一起存入储蓄罐。那么 5 周后，小明就可以买到他心爱的玩具车了。

公积金的原理也是如此，你每个月从税前工资中拿出其中的 5% ~ 12%（比例由公司确定），公司对等拿出这么多钱，一起存到你的公积金账户中（按 1 年定期存款给利息），等你需要买房、租房、装修的时候，这笔钱就可以派上用场了。

这里多解释一下税前工资，更准确的说法应该是"缴存基数"。我们的社保和公积金的缴存都是基于"缴存基数"来的，比如小明的缴存基数是 10 000 元，他的公积金缴存比例是 12%，那么他每个月缴存的公积金合计就是 2 400 元。

那缴存基数又是怎么确定的呢？是按照职工上一年度 1 月至 12 月的所有工资性收入所得再除以 12 得到的，每年 7 月调整一次。这里面的"工资性收入"包括基本工资、奖金、津贴、补贴、年终加薪、加班工资，等等。

公积金用到位了好处很多，我们以深圳为例（各地的规定大同小异）。假设小明夫妇要买一套房，需要贷款 90 万元。如果他们的公积金账户分别有 5 万元和 3 万元的余额，那么他们可以通过以下三个步骤来申请公积金贷款。

第一步，申请公积金贷款。根据深圳市相关部门的规定，公积金贷款额度最高不超过账户余额的 14 倍，同时封顶额度为 126 万元。小明夫妇一共可以申请 112 万元［（5+3）× 14］的公积金贷款，期限为 30 年，利率仅为 3.1%。相比之下，商业贷款的利率为 4.6%[①]。按照等额本息的计算方式，30 年下来，他们用公积金贷款可以比用商业贷款节省 34.52 万元的利息！

第二步，申请一次性提取公积金账户余额。在成功申请公积金贷款后，就可以申请一次性把公积金账户之前积累的余额全部提取出来。例如，小明夫妇可以提取 8 万元，这 8 万元是

---

① 2023 年 7 月的深圳首套房利率。

直接到账银行卡，不限制用途，可以自由支配。

第三步，申请按月冲贷。在申请一次性提取公积金账户余额时，可以同步申请按月冲贷，即将每月缴存的公积金直接打到银行卡里。例如，小明夫妇每月缴存的公积金总计为 4 000 元。那么在 30 年内，总计将达到 144 万元。这笔钱在打到银行卡里后同样可以自由支配，并不强制一定要用于还房贷。

总结一下：小明夫妇通过公积金贷款，30 年省下 34.52 万元利息，可以买台不错的车了；通过一次性提取 8 万元公积金，装修的钱解决了不少；通过按月冲贷，30 年下来额外多了 144 万元可支配资金。所以说，公积金对我们来说绝对是实实在在的福利。

四、房地产：房价的涨跌到底是什么逻辑

房子，无疑是我们每个人生活中金额最大的一笔消费和投资。年轻人结婚需要购买婚房，中年人改善生活要置换改善房，金额少则几十万元，多则几百万上千万元，所以值得多花点笔墨。

关于房子，大家最关心的问题一定是房价。实际上，房价可以用一句话来概括："**长期看人口，中期看土地，短期看金融**。"这是经济学家任泽平提出的一个在业内得到广泛认可的分析框架。我从底层逻辑入手，介绍一下核心结论。

人口、土地和金融是影响房价的三个最核心因素。

我们所说的房子也被称为"商品房"，顾名思义，房子也是一种商品。既然房子是一种商品，它就满足经济学的供求原理：供大于求，价格下跌；供不应求，价格上涨。因此，能影响房子供给和需求的核心因素，就是影响房价的核心因素。

首先是人口，人口影响需求。房子说到底是人用来住的，

当一个地方的人口持续增加时，对房子的需求自然会随之增加，房价自然越高；反之，如果人口持续流出，房价自然下滑。

其次是土地，土地影响供给。要建房子，得先有土地：土地越紧张，房子的供给就越紧张，房价自然上涨；反之，如果土地供应充足，房价就可能下跌。

最后是金融，金融影响需求。一套房动辄几十万上百万元，大多数老百姓买房都需要贷款。这就涉及两个因素，一是首付比例，首付比例越低，购房门槛越低，从而越刺激购房需求。二是贷款利率，贷款利率越低，月供压力越小，也越会刺激购房需求。

"在事物发展的任何阶段上，必有而且只有一种矛盾居于支配的地位，起着规定或影响其他矛盾的作用。"从这个底层逻辑出发，我们的分析如下。

人口的增长和区域间的流动，是决定房价长期走势的主要矛盾。

2022 年，我国经历了 61 年来的首次人口负增长。紧接着，2023 年 7 月，中央政治局会议指出我国的房地产市场供求关系发生了重大变化。

可以看到，我国房地产市场已经来到了一个拐点——随着人口的负增长，我国房地产市场突飞猛进的时代已然过去。

但大趋势是大趋势，我国这么大，不同区域之间的情况差别很大。在可预见的未来，我国人口将一直往大都市圈、大城市群迁徙。

以粤港澳大湾区为例，在 2010 年的第六次人口普查中，该区域 9 个城市的总人口为 5 611.84 万人。到了 2020 年的第七次人口普查，该地区总人口达到了 7 801.43 万人，增长 39.02%。相比之下，从 2010 年到 2020 年，全国的人口增长仅为 5.38%。

也就是说，粤港澳大湾区的人口增速是全国人口增速的近 8 倍。因此，我国房地产市场整体而言确实来到了一个拐点，但不同区域的分化也会越来越大。

土地的供应是影响房价中期走势的主要矛盾。

在我国，地方政府负责土地供应。从地方政府制订土地供应计划，到开发商获得土地使用权，再到房屋建设、预售，整个过程至少两年以上。因此，土地供应对房价的影响主要体现在两年甚至更长的中期。

地方政府出让土地可以获得土地出让金，而这笔收入是地方政府的重要收入来源。有研究发现，地方政府从房价上涨中获得的收益约占房价的 60%，是房价上涨的重要受益者。因此，地方政府往往倾向于"挤牙膏式"的供地方式。

然而，随着"房住不炒"政策的持续推进，近年来地方政府的土地供应策略也发生了变化。以深圳为例，如图 3-3 所示，2021 年深圳突然大幅提高了居住用地的计划供应量，达到 363.3

公顷，是 2019 年的两倍多。这对 2022 年和 2023 年深圳的房价产生了明显的抑制效果。

图 3-3　深圳近 10 年居住用地供应计划

数据来源：深圳市规土委。

因此，要想了解我们所在城市两年以上的房价变动趋势，我们必须关注"**年度居住用地的计划供应量**"这一指标。这个指标可以从我们所在城市的规土部门官网查询。

金融政策是影响房价短期走势的主要矛盾。

例如，首付比例和贷款利率一旦调整，就可以立竿见影地影响购房者的决策。比如小明想买一套 100 万元的房子，首付要三成，但他只有 20 万元现金。现在首付比例调整为两成，小明立马就从买不起，变成买得起。

一个小明是这样，千千万万个小明也是这样，房地产市场的需求情况立马就会发生变化，并且会在几个月内（从看房到买房需要一定时间）体现在实际的成交数据中。

因此，当首付比例和贷款利率发生调整时，我们至少可以判断在一年内，房价变动的一个趋势。

解释完"长期看人口，中期看土地，短期看金融"，我们判断自己所在城市房价趋势的方法就呼之欲出了，依次搞清楚以下信息即可。

（1）自己所居住城市的人口流入趋势，查阅历年常住人口数据和实际管理人口数据即可。

（2）自己所居住城市的居住用地供应计划，查看当地规土部门的官网即可。

（3）当前金融政策的态势。一方面，我们需要密切关注央行在 LPR 调整、住房首付比例下限，以及首套房资格认定等方面的政策动向；另一方面，也要留意所在城市的住房政策变化，如限购政策、房贷利率下限，以及首付比例下限等方面的调整。

五、按揭：人生最大一笔贷款该怎么操作

按揭，简单来说，就是找银行贷款买房，并将房产证抵押给银行，然后按约定还月供。这种方式几乎每个人都会用到，所以本节来聊一聊按揭的前世今生。

为什么叫"按揭"？

据说按揭是英文 Mortgage 的粤语谐音，读音为 àn jiē。早前，我国是没有商品房的，房子都靠国家分配。后来深圳于 1980 年率先建了全国第一个商品房小区，叫作东湖丽苑，然后才推广到全国。为什么是从深圳开始的呢？因为深圳近水楼台先得月，"师从"香港。

香港曾规定，一栋楼的产权只能属于一个人。买房得整栋地买，而且要一手交钱一手交楼，所以香港居民管买房叫买楼。一整栋楼自然很贵，所以大多数人只能望楼兴叹。

有个人就想，为什么不能将一栋楼的产权拆分开来出售呢？为什么不能让人们先支付 10% 的预付款，然后分期慢慢还

款呢？这两个划时代的想法瞬间引爆了香港房地产市场，这个人就是传奇商人霍英东。

按揭的操作流程是怎样的？

举个例子

小明只有 30 万元，但他想买一套 100 万元的二手房，怎么办呢？银行表示，好办，按揭，具体步骤如下。

（1）查资格。以深圳为例，深户落户或非深户社保满三年才可以买房，符合深圳首套房认定标准的购房者，可以享受三成首付贷款政策，即贷款七成。

（2）查信用。银行会通过央行征信系统查询购房者的信用记录。购房者如果存在严重的逾期记录等情况，一般就会被拒绝按揭。

（3）查流水。购房者每月的收入流水原则上需达到月供的两倍以上。

（4）签合同。购房者需要签一大堆的文件并且按手印。

（5）交首付。购房者将首付款打入银行监管账户。

（6）过户。购房者要去房产登记处办理新房产证登记手续，拿到房产证后"拍照留念"，转手就得交给银行办理抵押。至此，交易基本完成。

为什么建议尽量选择按揭购房？

有人可能会有疑问，如果小明有 100 万元现金，是不是没必要做按揭给银行赚利息了呢？

非也。房贷这个东西，在力所能及的范围内，在工作稳定的前提下，在房贷利率比较优惠的情况下，我们可以稍微多贷点，对于贷款的年限，能选 30 年就不要选 20 年，越长越好，原因如下。

第一，从长期来看，货币"放水"会极大稀释你的负债。20 年前月供 500 元，购房者会觉得吃力，但在今天它也就是一顿聚餐的花费。这就是货币"放水"的力量。

第二，从长期来看，货币"放水"在稀释负债的同时，也会抬高优质资产的价格。然而，这有一个前提，那就是我们必须持有优质的资产。就房地产而言，那就得是核心城市核心地段的优质房子。

第三，从长期来看，随着我国经济增速的放缓，利率水平也会持续下降。目前，许多发达国家的房贷利率都相对较低，有的甚至不到 2%。这意味着我们的房贷利率仍有很大的调整空间。

第四，从当下来看（2024 年），我国房贷利率从 2022 年下半年开始经历了多轮下调，甚至一线城市都到了 3 字开头，可以说已经是历史极值。

所以除非是"有钱任性"的土豪可以随便全款买房，我仍建议选择做按揭，当然，贷款金额要控制在力所能及的范围内。什么叫力所能及的范围内呢？最好就是月供小于每个月稳定收入的 50%。因为银行审核房贷申请，也是要求你的月收入流水在月供的两倍以上。

按揭贷款选择哪种还款方式比较好？

办理按揭贷款后，你还需要面临一个选择，即还款方式。有两种方式，分别是等额本息和等额本金。等额本息意味着每月的还款金额是相同的，而等额本金则意味着每月的还款本金是相同的，但总的还款金额会逐月递减。

如图 3–4 所示，假设贷款 100 万元，利率为 4.9%，期限为 30 年。在等额本金还款方式下，每月需要还的本金是固定的，而利息则逐月递减。而在等额本息还款方式下，每月需要还的金额是固定的，但在还款初期，大部分还款金额都用于支付利息，随着时间的推移，利息所占的比例逐渐减少。

那么，这两种方式哪一种更好呢？经过比较后我们会发现，等额本息还款的总利息多一些，但其初期月供压力较小。其本质是用更多的利息换取初期较小的月供压力。其优点在于前期月供压力小且每月还款金额稳定，缺点是总利息较高。等额本金的实质是通过提前多还本金来减少总利息，其优点是总利息较少且还款压力逐渐减小，缺点是前期月供压力较大。

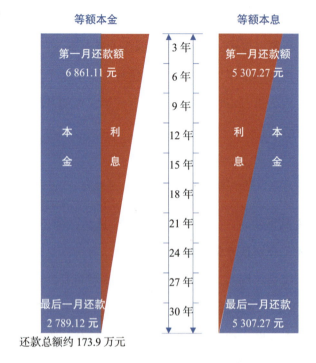

图 3-4　等额本金和等额本息对比

实际上，这两种还款方式并没有绝对的优劣之分。如果购房者年龄比较小，收入还不高，那就不要勉强自己，选择等额本息就好。如果人已到中年，收入增长开始放缓，那么不妨选择等额本金。

如果没有合适的投资渠道，那么购房者也可以选择等额本金，钱拿着也是拿着，不如多还点房贷，省点利息。如果有更好的投资渠道，可以选择等额本息，少还点房贷，留下的钱拿去投资赚收益。

六、征信：你的信用，价值百万

征信，即个人信用报告，是一份如实记录你的信用情况的报告。例如，它记录了你向银行借款的金额、是否有逾期，以及逾期的时间等信息。这份报告由中国人民银行的征信系统统一管理。

前文讲过，金融的本质实际上是信用的活动。在现代社会中，征信报告就好比一个人的"经济身份证"，我们的经济生活少不了它。

如果个人信用报告显示你按时还款、认真履约，银行就会愿意为你提供更高的贷款额度和更低的利率。

但如果个人信用记录出现问题，银行就会毫不犹豫地减少贷款额度、提高贷款利率，甚至拒绝贷款。此外，在购买财产险时，保费也会比其他人高得多。

如果出现了比较严重的征信失守行为，可能连正常工作、正常乘坐交通工具都会受限。我们经常听见新闻里报道某某被法院列为失信被执行人，限制高额消费、不得旅游、乘高铁等，就是因为其征信出现重大问题。因此，大家一定要重视个人征信。

有读者可能会想，保持征信好像也没什么难的，按时还钱不就行了？其实不然。随着大数据时代的发展，越来越多的社会行为被纳入征信系统，稍不注意就会影响征信记录。比如很多初入社会的新职场人对征信不熟悉，办了信用卡，但是不记得按时还款，结果过几年想贷款买房被拒，才发现自己的征信其实已经出问题了。

哪些情况会影响我们的征信？

主要有三种情况：欠款逾期、缴费拖欠、违禁行为。

一是欠款逾期。欠款逾期是指借款人未能在约定的时间内偿还债务，包括但不限于：正在使用的信用卡逾期、信用卡套现逾期、助学金贷款逾期、为第三方担保的贷款逾期、借呗逾期、京东白条逾期等。

一般来说，刚开始逾期银行不会提醒，但是如果超过 30 天仍未还款，银行会通过电话告诉你逾期情况，但也不排除银行忘记打电话的情况。因此，我们要定期检查自己的信用卡，检查自己是否有逾期行为。

二是缴费拖欠。水电煤气、通话、宽带、公共交通工具等与生活相关的缴费出现拖欠，征信上也会有不良记录。因此，我们千万不要因为觉得是小事儿就掉以轻心，一定要按时缴纳费用，保持良好记录，以防征信受损。

三是违禁行为。违禁行为包括但不限于：在旅游景区故意破坏文物、伪造学历或学籍、非法销售违禁品，以及未经许可频繁查询个人征信报告。前几个很好理解，都是违法乱纪的事儿，做了肯定会记入征信。这里重点提醒一下，如果某人在某段时间内频繁查询个人征信，会被银行觉得其非常缺钱，违约还款的风险很大，从而有所警惕。因此，大家记得不要在一年内查询征信超过两次。

如何查询我们的征信？

征信查询方式主要有两种：一是携带身份证前往本地的人民银行支行或其他指定的可查征信的银行，通过个人征信自助查询机进行查询；二是在指定的可查征信的银行 App 上，如招商银行、中国银行等，搜索个人征信并进入相关页面，完成身份认证后，即可查询自己的征信信息。一般来说，国有银行和大型股份制银行都提供这项服务。

征信出现问题怎么办？

如果逾期还款，应尽快还清欠款和利息。如果已经被报送，须开具"非恶意逾期证明"，或确保今后不再逾期，并等待 5 年后信用记录自动消除。如果是信息被冒用或贷款机构过失导致逾期，应向中国人民银行征信中心提交"异议申请"，以删除不良记录。

如果是多头借贷，尽量减少借款次数和金额。如果你已深陷债务困境，一定要及时向家人、朋友、专业机构寻求帮助。如果是信息被盗用或者贷款机构的违规操作导致的多头借贷，要向公安部门报案，并向中国人民银行征信中心提交"异议申请"，消除不良记录。

如果是银行系统导致的，需要尽快提请申诉。比如自动还款失败、转账未到、还款日当天延迟等这些情况，可以申请消除。具体的做法是，先把账面的欠款还清，然后在线下的银行网点发起消除记录的申诉。银行查明情况后，会自动消除记录，并电话通知你。

七、非法集资：珍爱生命，远离非法集资

非法集资是指一些个人或组织在没有获得金融资质的情况下，向公众宣称许诺高额回报，大量筹集资金，声称要进行某个项目或业务，但实际上随时准备卷款"跑路"。简言之，你图人家的高利息，人家图的是你的本金。

你可能收到过类似如下的信息。

"只要投资几千元，每月即可获得高额的利息或分红，并且承诺保本！"

"只要成为某个会员或代理商，就可以享受各种优惠和福利！"

"只要购买某种产品或服务，就能得到返租、回购、转让等承诺！"

这些基本就是非法集资，所以非法集资也许就在你我身边。你也许会想，这些一听就很假，我才没那么傻，会相信这种鬼话。那我们不妨举个例子。

e租宝，现在可能有很多人没有听说过，但在2014年，它可是一个风靡一时的"投资理财"软件。

　　我们先来看看e租宝是如何吸引客户的。

　　许诺9%～14%的年化收益率。10万元存银行一年利息不到2 000元，但放e租宝能有14 000元，是存银行的7倍!

　　号称"1元起投，随时赎回"。一般收益高点的理财产品是不能自由赎回的，但e租宝提前10天都能赎回。

　　号称"保本保息、灵活取付"。e租宝的推销人员往往会对投资者许诺说，e租宝是保本的甚至保利息，哪怕投资的公司失败了，照样有钱。

　　正因如此，很多人像飞蛾扑火一样不断买入e租宝。在高峰期，e租宝平台的日均投资额达到了1.21亿元，累计交易额更是超过了700多亿元!

　　难道没人怀疑有猫腻? 当然有，很多有识之士都提出过质疑，但e租宝的老板丁宁把人性拿捏得透透的。

　　他打的第一手牌叫作"美女高管"。e租宝公司"美女高管"很多，而且一个个穿金戴银，高定豪车，既赚足了男性投资者的眼球，又向投资者们传达了一个信息——"我可太有钱"了。

　　他打的第二手牌叫作"权威背书"。e租宝砸下重金，在一些权威新闻节目中连续播送自己的信息，并且邀请很多头衔巨长的专家学者站台宣传，把投资者们看得一愣一愣的。

　　然后，这些不过是e租宝利用投资者们的资金打造出来的一场虚假的"暴富美梦"，奢侈品是真的，豪车是真的，高管们的骄奢生活也是真的，但投资项目是假的，收益率是假的。

实际上，e 租宝骗来的巨额资金，除了被用来进行广告炒作，大部分都被挥霍一空。据供述，丁宁与数名集团女高管关系密切，私生活极其奢侈。仅对张敏一人，就先后"奖励"了 5.5 亿元人民币。

随着政府对互联网金融乱象的整治，e 租宝最终暴雷。但直到今天，仍有许多投资者苦苦等待着 e 租宝返还资金的到账……

我们来拆解一下这个案例……不，其实不需要拆解了，这个案例就涉及一个基础的金融常识：对于金融投资，风险和收益一定是成正比的，根本不可能有既高收益又保本还能随时赎回的好事。

银保监会前主席郭树清曾说过："高收益意味着高风险，承诺收益率超过 6% 就要打问号，超过 8% 就很危险，10% 以上就要准备损失全部本金。"

这并不是说通过投资理财获得 10% 以上的收益很难，其实并不是很难，问题在于"承诺"二字。

其一，这是违法的。我国法律规定："网络销售的金融产品不得承诺收益。"

其二，金融投资本就是充满巨大不确定性的事情，基本上无法稳定地获得 6% 以上的投资收益。

如果有人无视法律规定和基本的金融规律，向你做出这样的承诺，那就只有一个可能，他是骗子。

只要捅破了这层窗户纸，像这种骗局是根本不可能近身的，所以学点金融理财知识可太有必要了！

八、保险：一文带你轻松入门保险

大家或多或少都对保险有所了解，但大多数人听到"保险"这个词时，想到的可能是那个朋友圈卖保险的亲戚。如果认识仅停留于此，那么就真的需要认真地转变一下认知了，因为保险是我们现代人生活中不可或缺的金融工具。甚至可以这么说：普通人也许可以没股票，但不能没保险。

保险的本质是什么？

举个例子

古埃及石匠的互助组织会收取匠人会员费，如果匠人身故，组织会支付丧葬费用。

公元前 2000 年，地中海遭遇海难的商船会抛弃货物以避免船只沉没，损失由船队共同承担。

古罗马军队的士兵组织用会费支付阵亡士兵家属的抚恤金。

这三个例子都贯穿了两个关键词：风险和互助。石匠、船员和士兵都是高风险职业，一不小心就会性命不保，损失惨重。

怎么办呢？那就要互助。没出风险前，我交小金额的会费；出了风险，从会费中获得较大金额的补偿。因此，保险的本质就是用互助的方式分散风险，从而实现我为人人，人人为我。

为什么保险对我们是必要的？

一方面，有句话说得好，意外才是人生的常态。有时候，小概率事件似乎与我们无关，但一旦发生，我们才能真正意识到保险的重要性。

另一方面，投资不仅需要油门，也要刹车。如果把股票、基金等高收益高风险投资比作油门，保险则是刹车。开过车的都知道，关键时刻保命的一定是那脚刹车。

如图 3-5 所示，参考著名的"标准普尔家庭资产配置图"，用于保命的钱，也就是用于保险的钱，是家庭资产配置必不可少的一环，这部分钱应该配置 20% 左右。

应该优先为谁购买保险？

了解完保险的定义和重要性之后，先不要急着买，我们还需要搞清楚一个重要问题，即应该优先为谁购买保险？

10%　20%

要花的钱
用于 3~6 个月家庭
支出

保命的钱
用于购买保障应对
突发情况

标准
普尔

生钱的钱
用于购买股票、基
金、房产等高收益
产品

保本升值的钱
用于长期稳健投资，
兼顾资金安全和长期
收益

30%　40%

图 3-5　标准普尔家庭资产配置图

很多二三十岁的年轻人在有了一定的经济基础后，首先想到的是给父母购买保险。虽说百行孝为先，但这其实是个并不明智的决定。老年人的保费非常昂贵，他们往往也接近退休或已退休，不再是家里的经济顶梁柱。

同样，有些人可能会选择先为自己的孩子购买保险，这同样是个不太明智的决定。如果大人出事了，保险赔不到大人身上，那么小朋友的保费谁来继续交呢？

因此，我们应该优先考虑为家庭的经济支柱购买保险。这样，如果他遭遇意外，他的家人还能有一笔钱用来缓一缓。

特别是当家中还有未还清的房贷时，最好买一份与未还清贷款金额相当的定期寿险。这样就算家里的经济支柱有了变故，家里人也不至于因为还不起房贷而流离失所。

具体怎么选保险？

这个问题非常关键，因为保险是一个专业性很强的领域，一份保单，信息密密麻麻，普通人看着确实头大。

选保险的关键在于先弄懂风险是什么，再考虑针对性保障。人生中的主要风险分为三类：**大病／伤残风险、身故风险和财富风险**，我们一个个说。

大病／伤残风险这个好理解，人其实是很脆弱的，生大病或者伤残的概率其实是很高的，所以要优先保障。怎么保障呢？建议以重疾险作为主要险种，意外险和医疗险作为搭配险种。

身故风险跟大病／伤残风险的逻辑一样，但概率小一些，建议配置寿险和意外险。对一个家庭来说，如果家庭经济支柱身故，打击是毁灭性的，所以建议优先保障提供经济来源的成员。

所谓财富风险，一个是"人活着，钱没了"的风险，意思是钱没管好，生活品质受影响；一个是"人死了，钱还在"的风险，意思是财富没做好传承，子女有纠纷或挥霍财富。怎么保障呢？一般建议通过年金险和终身寿险进行保障。

当然了，保险是一个相当专业的领域，一篇文章没法讲得面面俱到，本部分的主要目的是帮助大家建立一个关于保险的正确认知框架。有了这个框架，当我们需要去配置保险的时候，就会省掉很多认知成本了。

操作篇

第四章

搞懂这些词，轻松看透投资理财的底层逻辑

投资理财，是最反人性的游戏。在真金白银面前，恐惧和贪婪的人性力量之强，不是浮于表面的所谓投资技巧、投资秘籍所能抗衡的。唯有知其然且知其所以然，搞懂底层逻辑，才能真正驾驭人性，做出正确的投资选择。

一、杠杆：金融的本质是杠杆

杠杆是人类广泛使用的一种简单机械，剪刀、自行车、起动机，生活中随处可见杠杆的影子。所以阿基米德有名言："给我一个支点，我可以撬动地球。"有趣的是，物理世界的杠杆原理，在金融世界同样如鱼得水。当然，金融杠杆撬动的不是重量，而是资金。

举个例子

小明有 30 万元的本金，他找银行按揭贷款 70 万元，顺利买下 100 万元的房子。他用 30 万元撬动了 100 万元的房子。

小黑有 20 万元的本金，却通过证券公司融资 80 万元，完成了 100 万元的股票投资。他用 20 万元撬动了 100 万元。

小花风险意识比较强，花 300 元 / 年给自己买了意外险，3 年后她不幸遇上车祸，保险公司赔了 100 万元。她用 900 元撬动了 100 万元。

小白是编程高手，决定创业，开发了一款 App，但自己没什么钱，一筹莫展。某天使投资人很看好，直接给小明投资了100万元，公司开了起来。他用一款 App 撬动了100万元。

从广义上来看，银行贷款、证券公司融资、意外保险、天使投资等金融产品或者工具，其本质都是一种杠杆机制。甚至可以说，金融本身就是一个大杠杆。

那么，如何有效地利用金融杠杆呢？

关键是两点：**支点要"硬核"、杠杆率要合适。**

首先，支点要"硬核"。如果支点不稳或者软趴趴，自然没法发挥撬动作用。在投资理财领域，这就是说，加杠杆可以，但你要清楚，**加杠杆不是一场没把握的赌博，而是对自己核心竞争力的放大。**

第一章提到的日本饭馆老板贷款 2.77 万亿日元炒股炒房，这不叫加杠杆，而是赤裸裸的赌博，因为她在投资方面并不具备"硬核"能力。

投资大师巴菲特实际上一直采用加杠杆的投资策略。他旗下的伯克希尔哈撒韦公司是一家规模庞大的保险公司，客户缴纳的保费高达 1 500 亿美元。这些保费在扣除需要赔付给客户的部分后，大部分都可以用于投资，这本身就是一个巨大的杠杆。

但巴菲特半个世纪以来坚持不懈地专注和坚持阅读，构建了常人完全无法匹敌的认知和洞察力，这就构成了他"硬核"的支点。

其次，杠杆率要合适。这就是说，杠杆太短不行，撬动不了太多东西。比如买房，小明手里有100万元，却只借20万元，最后只能买120万元的房子；小黑也有100万元，但借了200万元，就住上了300万元的房子。所以要在力所能及的范围内加大杠杆。

这个杠杆太长也不行，过长易折。你只有1万元，却要玩100万元的游戏，那么只要下跌1%，本金直接亏完；一旦下跌10%，不仅本金要亏完，还要额外亏9万元！

这种操作比赌博还可怕，它可以让人倾家荡产，一辈子翻不了身。这里尤其要提醒新手们，股票投资最好不要轻易上杠杆，也就是不要轻易借钱投资，踏踏实实提升自己，积累更多本金才是正道。

二、预期：投资投的是未来

预期是一个与事实相对的概念。它指的是对未来可能发生事情的提前预判。这个概念在金融投资领域至关重要，因为金融市场其实不那么在意过去，而更关注未来，也就是预期。

举个例子

一家上市公司现在一年的利润达到了 100 亿元，然而它的股价却可能持续下跌；另一家上市公司目前还在亏损，但是它的股价却可能持续增长。为什么会这样呢？关键在于预期的不同。

盈利 100 亿元的公司，很可能每年都是这个数，没什么变化，甚至由于经济形势、政策因素，它未来还有可能赚不到 100 亿元了，于是股价会下跌。

亏损的公司，虽然现在亏损，但实际上已经实现了关键的技术突破，眼看着就要赚钱了。赚多少呢？可能明年赚 0.1 亿元，后年赚 1 亿元。看起来很少，但实打实地在增长，而且是加速暴涨，毕竟一年10倍呢！所以股价应该上涨，而且是暴涨。

为什么发布的经济数据不理想，但股市反而上涨？因为大家预期会有刺激经济的政策出台。为什么美联储加息的政策正式落地后，股市反而转跌为涨？**因为坏消息总算落地了，往前看就意味着好事**。

理解了预期，我们就可以更好地理解金融市场的涨跌了。但这还不够，要能够赚钱，我们还需要了解一个更重要的概念，即预期差。

有一句话说得好，投资是认知能力的变现。那么，如何实现这种变现呢？寻找预期差是一个重要思路。预期差可以分为以下三类。

一是信息差。它指的是你掌握大部分人不掌握的信息。这个就不展开了，因为与专业机构相比，大部分人几乎很难拥有什么信息差。

二是速度差。一个消息出来，你比大部分人更敏锐、更早地认识到它会产生什么影响，从而能够赚到红利或提前逃离。

速度差并不需要那么强的认知能力，比如疫情出现——口罩需求增长，这是很容易就可以想到的逻辑。其至你也不需要一定做那个最快的，而往往只需要做较快的一拨人之一就可以有收益。

这需要的是接到一个消息后，能够敏锐地去联想到投资机会或风险的习惯，以及看准了就去做的实践能力，而这些都是可以训练出来的。

三是认知差。面对同样的信息，你可以得出更高明、更准确的结论，并且知道市场中其他人的普遍看法。这就好比一道很难的题目，你不仅自己能做对题目，而且还知道绝大部分人会怎样做错这道题目。听着就很难吧？确实挺难的。但也正常，因为如果掌握了这种能力，在股市里赚钱就比较容易了。

如何获得这种能力呢？关键在于持续地专注和聚焦。就像巴菲特那样，他几十年如一日地专注于某些公司和行业，不断地学习、研究，从而在这有限的领域获得比几乎所有人更深的理解。

我们都有自己的职业，这其实就是一个很好的切入点。比如你学习的是车辆工程并从事新能源汽车行业，那么你可以专注于新能源汽车相关的股票或基金投资。这样，一份时间投入就能发挥双倍作用，既能不断增进自己主业的发展，又能获得在这个领域远超一般人的知识储备，从而提升投资收益。基金公司之所以青睐那些理工科博士出身或有实业从业经验的基金经理，就是这个道理。

三、风险：少输比赢更重要

股神巴菲特有句名言："成功的秘诀有三条：第一，尽量避免风险，保住本金；第二，尽量避免风险，保住本金；第三，坚决牢记第一、二条。"

这实在是至理。因为从人的一生的角度来看，投资理财更像是一场持久战，而非歼灭战。你就算赢十次，但只要输上一次，本金亏完，可能就再无翻身机会甚至万劫不复了。

举个例子

有个投资大师叫杰西·利弗莫尔，曾经是华尔街最出色的操盘手之一，靠着极少的本金逆袭为亿万富翁，一度风光无限。可令人遗憾的是，他的辉煌没有延续下去，晚年不仅破产，而且还自杀了。

现在我们达成了共识，即对于投资理财，规避风险很重要，而且不是一般重要，是第一重要。那么如何规避风险呢？有以下几条建议。

第一条，牢记鳄鱼法则。

这条法则在 100 多年前就被华尔街人士所熟知，很多成功的投资人在进入市场前，都反复训练过对这一法则的理解。鳄鱼法则提出了这样的假设：当你的脚被鳄鱼咬住时，如果你试图挣扎并同时保住两只脚，那么鳄鱼很可能会咬住你的第二只脚。你越想要全身而退，被咬的风险就越大，甚至可能危及生命。

因此，最好的办法是，放弃挣扎，以牺牲一只脚为代价，换取另一只脚和性命的安全。

在股市中，鳄鱼法则指的是：当你意识到自己购买的股票是错误的选择时，必须立即止损，不能有丝毫延误。否则，可能会亏到不可挽回。我们算笔账：假设你投资了一支股票，投入了 100 万元。现在，这支股票突然下跌到了 80 万元，这时你的亏损率为 20%。要从 80 万元涨回 100 万元，你需要赚取 25%，虽然这不大容易，但仍然是可以实现的。

但假如股票从 100 万元跌到了 50 万元，如果你想从 50 万元赚回 100 万元，你需要赚 100%，与赚 25% 相比，赚 100% 难度就大多了。

因此，遵循鳄鱼法则并及时止损，你还有机会东山再起。然而人性怕痛，且喜欢自欺欺人。散户最容易犯的错误是，一旦亏损就像鸵鸟一样把头埋在沙子里，对错误视而不见；甚至抱着侥幸心理，在股票下跌时继续购买，从而错上加错。最后，他们往往只能以巨大的损失卖出股票，甚至亏掉本金。

第二条，坚持底线思维。

学术界对于风险的评估，有个指标叫波动率，简单来说就是资产的价格上下波动的幅度。但该价格向上波动我们会介意吗？当然不介意，我们真正介意的是向下的波动。

因此，我们有个更值得关注的指标——最大回撤率。

假设一支基金的最大回撤率是 5%，意思是，在一定时间内，比如一年内，这支基金从最高点到最低点下跌的幅度是 5%。换句话说，即使我们在基金的最高点买入，最低点卖出，我们的最大亏损也不会超过 5%。

但如果一支基金的最大回撤率是 40%，就意味着我们买入这支基金要做好可能会亏 40% 的心理准备。

因此，这个指标可以用来评估我们买入某个资产可能面临的最糟糕情况。数值越大，情况就越糟。它代表的是一种底线思维，即在对抗风险的过程中，我们的目标并不是消除所有的风险波动，而是要着眼于控制那个底线。

第三条，学会分散风险。

有句话叫"不要把鸡蛋放到一个篮子里"，说的就是我们要学会配置不同的资产，从而分散风险。道理一说就懂，但真要做到这一点，很不容易。

美国经济学家马科维茨在 1952 年首次提出了投资组合理论，本质就是从理论角度研究怎么"把鸡蛋放到不同的篮子里"，以有效降低风险。这一理论的提出使他荣获了诺贝尔经济学奖。可见，分散风险的过程并不容易。

因此，下一节我们来聊投资组合。

四、投资组合：如何把鸡蛋放到不同的篮子里

所谓投资组合，是指通过投资不同类型的资产来分散风险，即"把鸡蛋放到不同的篮子里"。然而，单纯的分散其实是不够的，分散必须是有效的。那么，什么是有效的分散呢？

比如你购买了 5 支基金，是不是觉得自己已经实现了分散投资呢？

不一定。如果这 5 支基金的投资方向都集中在一个领域，比如都是投资新能源汽车的，你会发现它们的价格走势往往是一致的。这与你将所有资金投入一支基金的效果基本相同。这就好比，你的确把鸡蛋放到了 5 个篮子里，但这些篮子其实挂在同一根扁担上。

因此，这就不能称为"有效的投资组合"。一个有效的投资组合需要我们将资金分散投资在相关性低的资产上。

什么是"相关性低"？

我们来看图 4–1 和图 4–2。

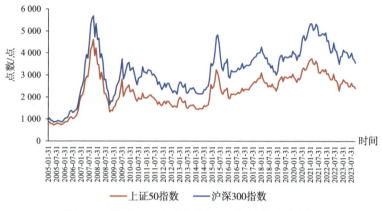

图 4-1 沪深 300 指数与上证 50 指数走势对比图

数据来源：Wind。

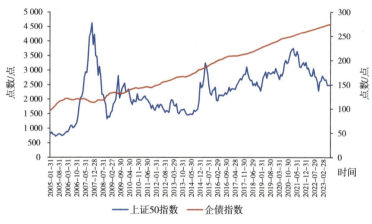

图 4-2 上证 50 指数与企债指数走势对比图

数据来源：Wind。

图 4-1 展示了自 2005 年以来，沪深 300 指数和上证 50 指

数的走势。简单来说，沪深300指数反映了我国股市中市值最大的300支股票的整体股价走势，而上证50指数则反映了上海证券交易所市值最大的50支股票的整体股价走势。

从图4–1中可以看出，这两个指数的走势简直"神同步"，基本上同涨同跌，这种情况就叫"相关性高"。

图4–2展示了自2005年以来，上证50指数与企业债券指数（简称企债指数）的变化趋势。简单来说，企债指数反映了我国企业债券的整体价格走势。

从图4–2中我们可以看出，这两个指数的走势可以说毫无关系。这种情况就叫"相关性低"。

为什么要将钱放到相关性低的资产上？

举个例子

现在小明和小黑各有100万元，小明分别买了50万元的沪深300指数和上证50指数的指数基金（第六章会详细介绍）；小黑分别买了50万元的上证50指数和企债指数的指数基金。

在2007年12月至2008年7月的股市大幅下跌期间，小明所持有的沪深300指数基金和上证50指数基金均遭受了重创，损失相当严重。而小黑手中的上证50指数基金虽然也出现了下跌，但他所持有的另外一支价值50万元的企债指数基金却在稳步上涨。

显然，小黑的损失会比小明少一半以上。

　　有人可能会有疑问，你举的例子是股市下跌的情况，但股市上涨时，小明可以赚更多呀？确实，投资组合在降低风险的同时，往往会降低整体收益。

　　但我们不能只看见贼吃肉，还要看到贼挨打。如果小明能扛到2014—2015年的大牛市，他确实能狠狠地赚一笔。但关键是他能扛到那一天吗？经历过2007—2008年的损失惨重，或许他已经破产了吧。

　　现在我们已经搞懂了底层逻辑，那就是通过购买相关性低的不同类型资产，构建投资组合，可以有效降低投资风险。实现方法非常简单，我们只需选取几类相关性较低的资产，买入并持有即可。

　　我们面临一个问题：如何了解资产之间的相关性呢？这里和大家分享一个我经常使用的工具——"韭圈儿"。

　　首先，请访问"韭圈儿"网站首页。其次，点击首页—工具—选基神器—组合回测。再次，点击创建组合。在创建组合的页面上，输入你想要买入的两个或多个资产的名称。最后，点击进入你创建的组合，下拉页面，你就可以看到这些资产的相关性了。

　　例如，如果我创建了"工银沪深300指数A"和"鹏华中证500指数（LOF）A"这两支基金的组合，那么可以得到图4-3所示的相关性数据。从该图中我们可以看出，这两支基金的相关系数为 0.84。

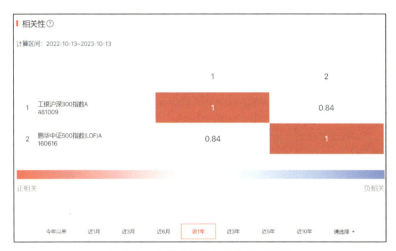

图 4-3　韭圈儿组合相关性计算范例

数据来源：韭圈儿，回测时间 2022.10.13—2023.10.13。

相关系数的范围是 –1 到 1，1 说明完全正相关，走势一模一样，0 说明走势完全无关，–1 说明走势完全负相关。在创建投资组合时，我们的原则是选择相关性较低的资产，最好是负相关的资产，即相关系数接近或小于 0 的资产。

这种策略的优点很简单，也确实能降低风险。但缺点也很明显，它是静态的，没有考虑时间这个维度。

这就好比做菜，我们不仅要考虑不同食材的科学搭配，还要选择应季的食材。因为应季食材往往更美味且健康。同样的，在股票表现好的周期里多买股票，债券表现好的周期里多买债券，投资收益会更高。

那该怎么动态地调整投资组合呢？在下一节我们将了解到一个经典的方法框架——美林时钟。

五、美林时钟：怎么动态调整投资组合

在第二章"经济周期"一节中我们已经讨论过，宏观经济就像大海，会不断进行有规律的扩张和收缩。而当经济环境发生改变时，各类资产的表现也会随之发生相应的变化。

例如，当经济形势较好时，人们普遍持乐观态度，这时高风险高收益的股票资产表现往往较好，而相对低风险但收益也较低的债券资产则可能不太受青睐。相反，在经济低迷时，人们普遍持悲观态度，更倾向于选择相对安全的债券资产，此时股票的表现可能就比较差。

因此，当经济不断进行周期性波动，而我们的投资组合却保持不变时，投资收益就可能会受到影响，同时风险也可能会增加。

那么，如何根据经济周期的变化来相应地调整自己的投资组合呢？美林时钟为我们提供了一个非常经典的方法和框架。

美林时钟是美国美林证券公司在 2000 年提出的一个方法框架，旨在帮助投资者在不同的经济周期中选择最佳的投资资产。

美林时钟把一轮经济周期分为四个阶段——复苏、过热、滞涨、衰退，把主要的资产类型分为——股票、债券、大宗商品①、现金。

有人可能会问，为什么没有提到基金呢？实际上，基金并不是一种资产，而是一种将大家的资金汇集起来，由专业人士将其投资于各种底层资产（如股票、债券、大宗商品等）的方式。换句话说，我们可以通过基金间接地投资这些底层资产。关于这一点，我们将在第六章进行全面阐述。

经济复苏阶段。

经济复苏就好比人大病初愈，身体一天天变强。对应到经济上，企业的经营状况逐渐好转，收入不断增加，人们的预期也会变得更加乐观。当人们对未来充满信心时，他们更愿意投资股市，从而推动股价上涨。因此，在经济复苏阶段我们可以考虑多配置股票。

经济过热阶段。

经济过热就好比人感觉自己身体很强健，于是天天胡吃海喝，结果导致血压偏高。对应到经济上，就是人们盲目乐观，

---

① 大宗商品，简单来说，是指那些大批量买卖的商品，如能源商品、原材料和农副产品。典型的就是原油、有色金属、铁矿石等。我们可以通过基金的形式配置大宗商品，在基金平台搜索关键词就行。

过度投资和消费，导致大宗商品供不应求，物价就会较快上涨，引发通货膨胀。

这时，央行会提高利率以抑制经济过热。由于利率上升，债券价格会下跌，因此不适合购买债券。此外，随着市场上的资金减少，股票价格也会受到影响。然而，由于供不应求，商品的价格仍在持续上涨，因此我们应该适当增加大宗商品的配置。

为什么提高利率会导致债券价格下跌呢？例如，现在 A 公司发行了一支面值为 100 元的债券，年利率为 5%。过了一段时间，B 公司也发行债券，但由于央行提高了利率，市场上的资金变得紧张，B 公司为了吸引投资者，承诺了 8% 的年利率，价格还是 100 元。投资者显然更愿意买 B 公司的债券，因为同样的价格，其收益率更高。于是，A 公司的债券需求会下降，其价格可能会跌至 100 元以下。反之，央行降低利率，债券价格就会提高。

经济滞涨阶段。

"滞"即经济增长开始停滞甚至下行，"胀"即通货膨胀。

经济增长出现了问题，而上游的原材料等商品价格仍然高昂，企业自然很难获得利润，因此我们不适合买股票。由于存在通货膨胀，央行也无法降低利率来刺激经济，否则会火上浇油，因此债券的表现也不会太好。由于企业难赚钱，对商品的需求也会下降，商品的表现也不理想。

那该怎么办呢？这个时候就该现金为王。

经济衰退阶段。

经济衰退，就好比人得了病很虚弱，需要吃补药。同样，当经济出现衰退时，央行通常会选择降低利率来刺激经济。随着利率的下降，债券的价格往往会上涨，但股票和商品表现还不会太好，所以我们这时候比较适合买入债券。

图4–4就是一个完整的美林时钟模型。

图4–4 美林时钟模型

怎么运用美林时钟？

这么分析下来，美林时钟是不是看着很有用而且还很简单呢?那么,我不得不泼盆冷水。

经济是一个很复杂的系统,而美林时钟则高度抽象,因此实践中美林时钟经常会"走不准"。更重要的是,普通人其实很难判断清楚经济形势,就好像一个小小的蜉蝣,在大海的波涛中晕头转向。因此,利用这个方法来投资,实际操作难度不小。

有读者可能要急了,你在这里大篇幅地介绍美林时钟,最后告诉我说不好操作?

别急。介绍美林时钟,主要是讲底层逻辑,基于这个逻辑,我再介绍一个有效且简单的策略——再平衡策略。

简单来说,再平衡策略是在投资组合的基础上,按照一定规则动态调整组合,让各类资产始终保持一个固定的比重。

资产价格是会随着经济周期的波动而波动的,所以任何一类资产涨到一定程度就会下跌,跌到一定程度又会反弹上涨,不断循环。

如果一类资产的涨幅较大,那么在未来它下跌的概率就会更大,就适合卖出部分资产,以锁定收益。

如果一类资产跌得较多,很可能处于低位,那么在未来它上涨的可能性较大,就适合在低位多买入。

简单来说,就是通过"多退少补"的方式,使各类资产恢复到一个相对均衡的配置比例。这样一来,我们并不需要主动判断经济形势变化,却可以顺应经济形势的变化,动态地实现"高抛低吸",从而获得更多的收益。

具体应该如何操作呢？举个简单的例子。我们把 2 万元二等分，各买入 1 万元的股票和债券，股票和债券各占 50%。一年后，总体资产变成了 2.6 万元。

　　按照各 50% 的配置比例，股票和债券应该是各 1.3 万元对不对。但现在股票实际上涨到了 1.5 万元，债券则涨到了 1.1 万元。那我们就应该把股票卖出 0.2 万元，再买入 0.2 万元债券，从而继续维持股票、债券各一半的配置比例，这个过程就叫再平衡。

　　这个办法尤其适用于基金投资，所以第六章还会进一步介绍具体的实操方案。

六、概率思维：投资理财最有用的底层思维

投资理财的成功与否，说到底取决于能否正确预判未来走势。坏消息是，人类很难预判未来，因为未来最大的特点就是不确定性。好消息是，我们拥有一个应对不确定性的大杀器——概率思维！

本节内容可能有点烧脑，但读懂了绝对可以受益无穷。所谓概率思维，我们可以分以下三层来理解。

第一层，"把世界看成平行宇宙"。

这句话的意思是，我们要认识到世界的运行并非单行道，未来绝非只有一种可能，而可能有 N 个平行宇宙，进入每个平行宇宙都有一定的概率。

新手常犯的一个错误是，他们往往无法客观地看待未来的多种可能性，而往往一厢情愿地笃定一个可能性。

例如，许多人在购买一支股票后，就只愿意看好消息，屏蔽坏消息，一门心思盼着大涨，甚至在网上和不看好该股票的

人吵架。更有甚者,看上一支股票就把手头的钱都押上,甚至加杠杆借很多钱。最后股票并没有如愿涨起来,反而下跌,信念随之崩塌,然后恐慌卖出,亏个底朝天,这种事情实在太多了。

如果我们将世界看作一个平行宇宙,就会对世界的复杂性多一分敬畏,不再一厢情愿地期待某事一定会发生或一定不发生,而是会罗列出每一种可能性,并给每种可能性赋予概率,再计算出期望收益率,然后再去做决策。

到了这一层,我们就算走上了理性投资理财的第一步。

第二层,"坚持做大概率正确的事情"。

这句话的意思是,只有大概率会赚钱的投资机会才出手,并且坚持做,做得多了,整体而言你就赚钱了。原因很简单,只要你每次的决策都能有超过 50% 的赚钱概率,一次两次可能看不出来,但次数多了,概率的力量就浮现出来了,你肯定是赚多赔少。

这对于新手同样有实用意义。因为新手还容易犯的一个错误就是执着于 100% 正确的决策,把投资当成做数学题,坚信一定有一个最优解。**典型的误区是执着于要买在最低点、卖在最高点**。这个误区的根源是极度厌恶损失的人性,所以不愿意多亏一分钱、不放过多赚一分钱的机会。结果搞得心理紧张、患得患失,最后却徒劳无功。

其实所谓的最高点和最低点只有那么一瞬间,并且在很大程度上是随机的，我们很难抓住它们。而当我们意识到，其实并不需要追求 100% 的正确，只要正确率超过 50% 就行，那么游戏的难度就大大降低了。我们可以不再执着于买在最低点、卖在最高点，而是当市场大概率处于底部时就开始买入，当市场大概率处于顶部时就开始卖出。

然而，第二层有一定的实用性但不多。因为我们还面临着一个致命的问题，怎么才能找到有 50% 以上概率赚钱的机会？我们接着看第三层。

第三层，"善用贝叶斯定理"。

贝叶斯定理是初中数学涉及的一个概率定理，它简单优雅却深刻隽永，对做投资大有用处。可以说，真正的投资高手，都是贝叶斯主义者。要搞清楚这个定理，需要先从"概率"这个概念说起。

我们中学课本对概率的定义是，一件事发生的频率，这个频率就代表某件事发生的可能性的大小。这个频率叫作客观概率。

比如我们知道过往我国股市每年 7 月上涨的概率是 55%——只需要回溯历史数据去计算 7 月上涨的频率就行，没有疑义。

然而，我们真正关心的不是股市过去每年 7 月上涨的概率，而是接下来这个 7 月，股市是上涨还是下跌？

有人说，肯定也是 55% 呀！然而并不是。

首先，接下来 7 月的涨跌，与之前历年的 7 月的涨跌其实没有因果关系。从数学角度来说，是相互独立事件。

其次，接下来 7 月的涨跌，它还是一个不可重复的事件。当 7 月过了，要么涨，要么跌，不存在什么客观的涨跌频率。

于是，贝叶斯定理就登场了——它不再是事物发生的客观频率，而是我们对某个事物是否发生的相信程度，是一种把客观和主观结合在一起的概率。

贝叶斯定理很务实，它承认在真实世界里，很多事情根本没法做无限的测量，没法计算客观概率，或者干脆这件事是不可重复的"未来时"，不存在客观概率。于是，我们可以先给出一个概率估计，即"先验概率"。然后根据获得的新信息，即"条件概率"，不断修正最初的预测，得到"后验概率"。

举个例子

假设你是一个电脑店的资深销售，现在有个顾客进店，并且向你询问了某款电脑的情况，请问这个顾客最后成交的概率是多少呢？

要直接回答这个问题有点难为你，但既然你是资深销售，一定有以下经验。

第一，在店铺过往经营中，成交顾客 / 所有进店顾客的比重，这是一个经验值，假设这个店是 10%，这个数据就是先验概率。

第二，在店铺过往经营中，在 10% 的成交客户中有多大比重询问过某款电脑的情况？假设这个概率是 60%。另外，在 90% 没有成交的顾客中又有多大比重询问过某款电脑的情况？假设这个概率是 20%。这两个数据就是条件概率。

今天你遇到的是一位询问电脑的顾客。他要么是那 10% 成交顾客中的 60%，即占比为 6%（10%×60%）；要么是那 90% 未成交顾客中的 20%，即占比为 18%（90%×20%）。

因此，咨询过且成交的顾客在所有发起询问过的顾客中所占比例为 25%〔6%÷（6%＋18%）〕。

也就是说，一旦发生了"这个顾客询问某款电脑"这个条件后，那么他最终会购买电脑的概率，在你的判断里，就从一开始的 10% 提升到 25%。这个 25% 就是后验概率。

如果顾客又询问了价格，我们就可以根据这个新发生的条件，再得到一个后验概率。如果客户又询问了折扣事项、保修事项……我们就可以不断逼近准确的后验概率。

综上，我们可以得出以下几个结论。

第一，先验概率越靠谱，我们就越容易、越快得到有用的后验概率。比如接下来 7 月的涨跌概率是多少。如果我们不了解过往数据，那么只能给出 50% 的先验概率。但如果我们准确知道过往 7 月上涨的频率是 55%，这就是一个更靠谱的先验概率。当然，如何获得相对靠谱的先验概率，这就考验我们的知识面、经验和思维能力。

第二，条件概率越多，后验概率就会越有用。例如，6 月央行降息了，而"从历史统计来看，央行降息之后的一个月内，股市上涨的频率是 60%"，那这就是一个很好的条件概率。通过与 55% 的先验概率相结合，我们就可以更好地预测接下来 7 月的涨跌。因此，尽可能多地收集信息很重要。

第三，条件概率越有"区分度"越好。很多高手都是在某一个大众缺乏认知的地方，掌握了一些少有人掌握的"条件概率"，比如专注于某一个行业，洞察此行业一些特殊的规律与现象，以此比别人更早发掘胜率高的投资机会。一个值得推荐的做法就是，围绕自己所从事的相关行业进行投资。比如小明是从事医药行业的，那么他就可以多关注与医药相关的股票和基金，这样既可以倒逼自己去深入了解自己从事的行业，又可以发掘有"区分度"的投资机会。

第四，后验概率不一定准确，但一定有用。正如前文所述，预估接下来 7 月的上涨概率，比计算历年 7 月上涨频率的作用要大得多。比如上述那个顾客在询问某款电脑后，开始直接谈折扣了，那么有经验的你马上估算出最新的后验概率是 70%，你就可以直接拿出大杀器——折扣，将成交概率最终定格在 100%。70% 这个数字并不一定准确，但它很有用，因为它可以给你提供一个简单清晰的操作信号。具体到投资操作中，我们可以设定一个触发买入或卖出的数值，比如只要"后验概率"超过 60%，我们就买入或卖出，那么投资决策可以从拍脑袋或跟随人性本能的随机行为，变成程序化的简单动作。

第五章

搞懂这些词，轻松入门股票投资

股票有两面，一面是其背后企业的客观赚钱能力，一面是其背后交易者的主观情绪。企业的赚钱能力决定了股价的长期走势，交易者的情绪造成了股价的上下波动。我们既要分析企业的赚钱能力，也要把握得住市场情绪。虽然知易行难，但这，就是正道！

一、股票：为什么我们必须学习股票

股票是股份公司为了筹集资金而发给出资人的所有权证明。简单来说就是，股票就是一张凭证，这张凭证证明你拥有这个企业的一部分所有权，你就可以参加股东大会、进行投票表决、参与重大决策、分享企业利润了。

举个例子

小明和小黑合作开设了一家餐厅，他们各自投资了 50 万元，并约定各自持有 50% 的股份。过了几年，餐厅越做越大，净资产（也就是全部的家当）达到了 2 亿元。于是，他们准备将餐厅上市。

按照规定，如果企业想要上市，就必须进行股份制改造。通常情况下，企业的净资产会按照每股 1 元的价格等额划分为股份。那么，这家餐厅总共就会分为 2 亿股，小明和小黑各持有 1 亿股。

接下来，餐厅申请上市成功，就可以发行股票了。这个过程也被称为"招股"，意即在原有股东的基础上，"招"新的股东。目前，餐厅的总股份为 2 亿股，在这个基础上再发行 1 亿股，餐厅的总股份就会变成 3 亿股。新发行的 1 亿股就被股民、机构们买走了。

那么，股票发行的价格是如何确定的呢？首先需要估算企业的"市值"，即市场认为这个企业值多少钱。

打个比方，小明他们经营的餐厅专做烤鸭，每年销售 1 500 万份，每份利润为 50 元。去年，小明的朋友小黑的企业成功上市，他经营的是烤鸡业务，每年销售 500 万份，每份利润也为 50 元，最终估值达到 10 亿元。那类比来说，小明企业的估值大约就是小黑企业的 3 倍，即约 30 亿元。原理很简单，小明的企业赚的钱是小黑的企业的 3 倍。

既然企业的市值是 30 亿元，而企业总共发行了 3 亿股，那么每股的价格就是 10 元。这意味着，一旦企业上市，小明、小黑各自的持股价值将达到 10 亿元。这就是上市的妙处。

有人可能会质疑：企业的净资产不是才 2 亿元吗？原来 1 股不是才 1 元钱吗？为何上市了每股就能变成 10 元了呢？

因为净资产和市值是两个概念。

净资产代表了企业过去的积累，如餐厅拥有价值 1 亿元的房屋和账上有 1 亿元现金，这些都是实实在在的家当。而市值更多地代表了企业未来的预期收入，比如餐厅未来每年预计能赚 7.5 亿元。也就是说，这多出来的 28 亿元其实是企业未来赚钱能力的价值。

这揭示了股票投资的核心理念——**买股票就是买企业未来的赚钱能力**，也印证了我们在第四章"预期"一节所说的底层逻辑，投资投的是未来。

弄清了股票的本质后，现在回到标题，为什么我们必须学习股票？

第一，股票是长期中收益最高的资产。 如图 5–1 所示，这是我们在第一章引用过的图片，它明白无误地证明了，股票就是长期中收益最高的资产，甚至没有之一。经济的发展说到底是企业带来的。目前，我国的 GDP 每年增长约 5%，说明我国企业的整体增速就是 5% 左右。但上市公司作为企业中的佼佼者，其增速必然高于平均水平，一般能有 10% 以上。事实也正好如此，据统计，我国股市自 1991 年开市到 2021 年，31 年间涨了 29.4 倍，年均增速为 11%！

图 5–1　1801—2011 年美国大类资产走势图

资料来源：《股市长线法宝》。

第二，要抓住牛市机会，不能不懂点股票。你可能听说过关于牛市中有人大赚特赚的故事，这并不是故事，而是真实发生过多次的事实。但可悲的是，**很多人在股市亏钱，一个罪魁祸首反而就是牛市**。原因很简单，很多人平时根本不关注、不了解股票，当牛市里股票涨得火热，连菜市场大妈都开始谈论股票的时候，就按捺不住一头冲进去，这时往往已是牛市末期，等待他们的就是高位套牢。我们当然不能做后者，而要做前者，这就需要提前懂点股票知识。

不要遗憾自己错过了很多牛市，因为 A 股是**一个有熊必有牛的周期市场**。如图 5–2 所示，30 多年以来，A 股已经历了 10 多次大大小小牛市，翻好几倍的历史性牛市都发生过 3 次。

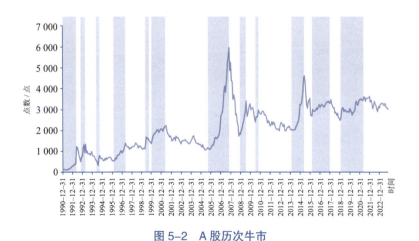

图 5–2　A 股历次牛市

有人可能会说，图 5-2 中好几处看起来就是一个小涨幅呀，这也叫牛市？实际上，这是画图方式造成的错觉。例如，从1994年7月29日至1994年9月13日，指数从325点上涨到1 052点，涨幅超过了220%！但由于2007年曾经达到过6 124点的历史高点，所以在图5-2中，1994年的这种涨幅就显得不那么明显了。

第三，不懂股票很难"玩转"基金。有人认为股票风险太高，只想投资基金。实际上，只投资基金是没问题的，我甚至认为，我们普通人投资理财，基金是最好的选择之一。然而，我们需要明白，基金投资的主要方向是股票，那些以股票投资为主的基金收益更高。如果我们对股票一窍不通，是不可能"玩转"基金的。因此，本章内容不管是对于想投资股票的读者，还是对只想投资基金的读者，都是必要的。

二、股票：投资股票的最少必要知识

基金比较简单，打开支付宝或者其他相关平台，直接买就是了。因此，大部分人都在投资基金。但股票就复杂不少，涉及各种术语和规则，对于新手来说可能不太友好，一些怕麻烦的人干脆就懒得碰了，这就太可惜了。因此，在这一节我集中科普一下，作为一个刚接触股票的"纯小白"，需要哪些最少必要知识。

1. 交易的是什么？

我们投资股票，投的是什么？主要是 A 股。A 股，即人民币普通股票，是由中国境内注册公司发行，在境内上市，以人民币标明面值，供境内机构、组织或个人以人民币认购和交易的普通股股票。

举个例子

贵州茅台的注册地在贵州遵义（境内注册），2001 年在上海证券交易所上市（境内上市），股票面值是人民币，我国境内的个人或机构都可以买。这就是典型的 A 股。

腾讯控股，注册地在开曼群岛（非境内），2004 年在香港证券交易所上市，股票面值是港币，境内的人较难直接购买。这就不是 A 股，而是港股。

拼多多，注册地在开曼群岛（非境内），2018 年在美国纳斯达克上市（境外上市），股票面值是美元，这就不是 A 股，而是美股。

A 股股票分为主板、创业板、科创板。简单理解：主板主要面向传统的大型企业，创业板主要面向中小型企业，科创板则主要针对高精尖的科技企业。投资门槛也有所不同：主板没有资金门槛要求，创业板要求投资者有 20 万元的可用资金，科创板则要求投资者有 50 万元的可用资金。

2. 在哪里交易？

股票主要在证券交易所进行交易。A 股市场有三个交易所，分别是上海证券交易所、深圳证券交易所及北京证券交易所。然而，目前大多数人还是主要在上海证券交易所和深圳证券交易所进行股票交易。

3. 用什么交易？

用证券公司的交易软件交易。与投资基金不同，投资股票必须通过证券公司来开户，也就是开通你的证券交易账户。

开完户之后，就需要用交易软件买卖股票。交易软件有两种，一种是桌面版的，有大智慧、通达信、同花顺等；一种是手机版的，各大证券公司都有交易软件，交易软件用起来都差不多。从功能上看，桌面版的更强大。

4. 需要手续费吗？

买卖股票需要支付三大手续费：印花税、过户费和交易佣金。

印花税。目前，只有卖出方需要按照万分之五的比例缴纳印花税。例如，如果你购买了价值 1 万元的股票，你不需要支付印花税；但是，如果你卖出了价值 1 万元的股票，你需要支付 5 元的印花税。

过户费。过户费仅在上海证券交易所交易股票时收取。具体收费标准为成交金额的万分之 0.2。例如，如果你购买了价值 1 万元的股票，那么你需要额外支付 0.2 元的过户费。

交易佣金。印花税和过户费其实都无关痛痒，交易佣金影响就比较大了。交易佣金 = 交易金额 × 佣金比例，买卖双方都要交。

交易佣金由证券公司自己定价。目前，如果选择在线开设账户，佣金的比例默认为万分之 2.5，按规定最高不超过千分之 3。

但券商一般是有"最低消费的"，门槛是 5 元。也就是说，只要你发生了一笔交易，证券公司起码要收你 5 元。

例如，你买了 100 元股票，按照万分之 2.5 的佣金，佣金应该是 2.5 分钱对吧，但不好意思，要交 5 元。

但实际上这些也都有一定的灵活空间，如果选好一家佣金比较厚道的证券公司，每年就能节省不少佣金。

5. 什么时候交易？

非法定节假日的周一至周五为交易日，上午的交易时间为 9：15—9：25 和 9：30—11：30，下午的交易时间为 13：00—15：00。

为什么上午的 9：15—9：25 会有这孤零零的 10 分钟呢？这 10 分钟是集合竞价时间，意思是在这 10 分钟内，你可以随意报价。在 9：30，这些报价将被一次性撮合，能成交的报价会被执行，不能成交的报价会被作废。

6. 如何看股市行情？

我们主要关注上证指数和深证成指这两个指数。上证指数，就是把所有在上海证券交易所上市的股票的股价，按照一定的规则加权加总，得到的这个数字就可以反映上海证券交易所所有股票的价格波动情况。我们通常所说的"大盘"，实际上是指上证指数。同样地，深证成指也反映了深圳证券交易所所有股票的价格波动情况。如图 5–3 所示，随意打开一个证券软件，你会发现这些指数信息通常出现在最显眼的位置。

图 5-3 上证指数和深证成指的位置截图示例

7. 有哪些基本规则？

100 股为一手。买卖股票，以"手"为基本单位，一手为 100 股，也就是买股票最低也要买 100 股。

T+1 规则。意思是，在 A 股，你当天买入的股票，要到下一个交易日才能卖出。

涨停板规则。意思是，每个交易日，单支股票的价格相对上一个交易日的涨跌幅不能超过 10%。有几个特例，ST 开头的股票，涨跌限制是 5%；新股上市第一天，涨幅不超过 44%，跌幅不超过 36%；创业板的股票，涨跌幅限制是 20%。

三、价值投资：普通人投资股票到底怎么赚钱

投资股票到底怎么赚钱？有读者会说，这还用问吗，当然是低买高卖了。这话确实没错，但同样是低买高卖这个动作，其实有两种截然不同的"姿势"，一种叫作收割别人，一种叫作分享成果。

1. "收割别人"赚钱法

所谓"收割别人"，是一种博弈的视角，而且是零和博弈，说白了就是把别人的钱拿到自己口袋里。

举个例子

小黑是一位传说中的股市庄家，要完成一轮"收割"操作，通常包括以下四个步骤。

第一步，筹划。这一步就是要找到那些业绩持续上涨、有政策支持、没有负面消息的股票。现在，小黑已锁定了 A 股票，目前的价格是 10 元。于是，他开始筹集资金，准备购买。

第二步，压价。这一步就是通过媒体等各种舆论手段，制造不好的消息，让投资者认为 A 股票表现不佳，价格将下跌。于是，立场不坚定的持股者就会把手里的筹码交出来，这样小黑就可以低价买入。

第三步，吸筹。吸筹即吸收筹码，也就是在股价低位时，偷偷地、不断地买入股票。小黑趁着 A 股票价格低于 10 元大量买入，直到他手中的 A 股票数量已经很多了，比如能占到市场上流通的 A 股票的 60% 以上。

第四步，出货。出货即将手中的股票以高价出售。如何才能实现高价卖出呢？关键是要用很小的成本把股价拉起来。具体来说，有两手操作：一手是自买自卖，毕竟小黑手里有 60% 以上的流通筹码，相当于垄断了，他可以轻易把股价拉上去。一手是制造各种利好。例如，A 公司要上大项目、国家要出新的支持政策等，把舆论炒热。

这时小白这样的投资者就进场接盘了，甚至股价涨到 20 元、30 元还趋之若鹜。小黑这时顺势卖出手里的 A 股票，获得巨利。

这一整套操作被称为"坐庄"，小黑就是那个庄家，小白则是被割的"韭菜"。

2. "分享成果"赚钱法

所谓"分享成果"，是一种做生意的视角，意即将投资股票视为投资股票背后的企业的生意，赚的是分享企业成长的钱。

要实现一轮"分享成果"赚钱，通常也需要四个步骤。

第一步，选好行业。什么是好行业呢？一言以蔽之，就是"长坡厚雪"的行业。巴菲特有一句名言："人生就像滚雪球，重要的事情是找到很湿的雪和很长的坡。"所谓长坡，指的是这个行业市场空间较大且长期稳定存在；所谓厚雪，指的是这个行业盈利模式好且比较赚钱。

第二步，选好公司。什么叫好公司呢？首先，财务数据要好，即能够盈利。其次，公司的管理团队要强大，毕竟公司是人干出来的。为什么巴菲特会投资比亚迪呢？因为他的老搭档芒格认为王传福是"爱迪生和韦尔奇的混合体"。最后，有核心竞争优势，也叫"护城河"，也就是你能做的事情别人做不了或者做不好。

第三步，等待好价格。市场上的水果，价格起起伏伏，总有便宜的时候，趁着便宜的时候多买点，这是会过日子的人；股票的价格更是起起伏伏，趁着优质股票的股价大跌，赶紧多买点，这是会投资的人。

第四步，耐心持有。优秀企业的发展是一个长期的过程。巴菲特在 2008 年开始投资比亚迪，但比亚迪直到 2021 年以来，才真正在新能源汽车的大潮里崭露头角，这期间有整整 13 年的耐心等待。2022 年以来，巴菲特多次减持比亚迪，赚了 33 倍！

哪种赚钱"姿势"更好？

这两种方法都能赚钱，但能赚钱不代表我们就能学会，两种方法的运用都是有条件的。

想收割别人，有几个条件：要有大量的资金，怎么也得大几千万上亿元吧；要有广泛的信息来源，最好人际资源遍布监管、金融、实业；要有足够丰富的交易经验，股海沉浮十年起步；要能够时刻盯盘，必须是"职业玩家"……

想分享成果，也有几个条件：要持续学习，行业要懂，公司要懂，宏观经济也得懂；要有耐心，一支股票起码持有几年才能静待花开；要有魄力，股价大跌的时候，别人都怕，你敢买。

我们会发现，"收割别人"需要的条件往往是我们缺乏主动权。资金量大，主要靠家庭积累。信息来源广，这个与社会资源、圈层关系莫大。经验丰富，这个得慢慢熬时间。时刻盯盘，全职炒股，这需要极高的天分，还得冒着极大的风险，不建议普通人尝试。

而"分享成果"需要的条件则是我们拥有主动权，我们可以选择多学习，可以选择更有耐心，也可以选择更有魄力，这些全在于我们自己的修炼和选择。

因此，我们投资股票要用什么"姿势"赚钱呢？显然，"分享成果"法更适合大多数人。而这个"分享成果"，换一个大家更熟悉的说法，其实就是价值投资。下一节我们进一步阐述价值投资。

四、价值投资：价值投资要吃好"两碗面"

在介绍价值投资的"两碗面"之前，我先介绍一个神奇的指标——市盈率，这个指标基本揭示了股票投资的奥秘，其计算公式如下。

$$市盈率 = 市值 \div 净利润$$

这个指标有什么用呢？简单理解就是，用它可以评估投资一个公司需要多少年才能回本。评估这个干什么呢？判断这个公司的股价贵不贵。

举个例子

小明的餐厅市值为 40 亿元，一年卖 1 000 万份烤鸭，每份净利润 50 元，每年利润 5 亿元。那么餐厅的市盈率就是 8（40亿元 /5 亿元）。也就是说，如果小白用 40 亿元买下小明的餐厅，需要 8 年能回本。

这时，小黑找到小白说，你还不如买我的餐厅呢，我们餐厅一年净利润8亿元，市值也才40亿元，你5年就回本了。小白一听，对啊，小明的餐厅这40亿元的市值明显"贵了"呀，那还是买小黑的吧。

股价就是公司市值的 N 分之一，公司市值"贵"了，自然意味着公司股价也"贵"了，就不值得购买。这就是使用市盈率的基本原理。

现在我们把"市盈率＝市值÷净利润"这个公式做一个小小的数学变换，得到如下公式。

$$市值＝净利润 \times 市盈率$$

这个公式看似平平无奇却揭示了股票投资的要义：一支股票的股价，其实是客观因素（企业的赚钱能力）和主观因素（市场情绪）的有机结合，即：

$$股价＝企业赚钱能力 \times 市场情绪$$

股价的客观因素一面，是其背后企业的赚钱能力。

赚钱能力也就是创造利润的能力。而创造利润的能力，其实基本就等同于股价的长期走势。传奇投资经理彼得·林奇曾反复强调过，从长期看，股票价格的涨幅和企业利润涨幅是趋于一致的。

我们以贵州茅台为例。表5–1是贵州茅台1998年年末到

2022 年年末的净利润和股价的变动情况。我们可以看到，24 年来，茅台的净利润年均复合增长率是 28.7%，而股价的是 27.9%，吻合度可谓惊人。

表 5-1　贵州茅台净利润与股价涨幅对比

	1998 年年末	2022 年年末	累计涨幅（倍）	年初复合增长率
净利润	1.47 亿元	627.16 亿元	425.64	28.7%
股价（除权）	4.69 元 *2001 年上市	1727 元	367.23	27.9%

但要注意，利润的增速是和股价的长期走势一致，短期可不一定。并不是说今年的利润增速有 100%，股价就会增长 100%。以贵州茅台为例，自上市以来这么多年，其利润基本上稳步增长，但某些年份其股价也会大幅下跌。

而只要拉长时间周期，利润和股价就基本上是齐头并进的。巴菲特有个经典的比喻："股价就像一只跟着主人散步的小狗，一会儿跑到主人前面，一会儿跑到主人后面。但最终主人到达目的地时，小狗也会到达。"这个比喻用来说明利润和股价的关系再合适不过了。

那么对于上市公司的长期赚钱能力怎么去分析呢？这就需要吃好"第一碗面"，叫作"基本面"。通过基本面分析，我们就可以比较全面地了解一个上市公司的长期赚钱能力。对于这一点，我们会在第五节、第六节详细展开阐述。

股价的主观因素一面，是其背后交易者的情绪。

例如，前文提到的"市盈率"，一年净利润 8 亿元的餐厅，大家是愿意按照 40 亿元买下（即 5 倍市盈率），还是 80 亿元买下（即 10 倍市盈率）？这取决于投资者们的主观意愿和情绪，或者换个说法，叫作市场情绪。

对于市场情绪的判断同样非常重要，因为它是我们获得超额收益的关键。巴菲特的那句名言"别人恐惧时要贪婪，别人贪婪时要恐惧"，用在这里再合适不过了。

恐惧也好、贪婪也罢，其实都是市场情绪。当大家都很恐惧的时候，愿意出的价格就会很低很低。比如一年净利润 8 亿元的餐厅，结果市值只有 16 亿元，市盈率才 2，买下来两年就能回本。这时，我们就该更贪婪些，趁着低价多买点。

当大家都很贪婪的时候，愿意出的价格就会很高很高。比如一年净利润 8 亿元的餐厅，结果市值居然达到 800 亿元，市盈率 100，买下来要 100 年才能回本，但仍有很多人跃跃欲试，这时我们就该恐惧，赶紧卖掉落袋为安。

试想，如果我们真的在市值 16 亿元的时候，大量买入，在市值 800 亿元的时候，全部卖出，那么我们就可以大赚约 50 倍。

因此，怎么去把握市场情绪呢？这就需要吃好"第二碗面"，叫作"估值面"。所谓估值面，形象地说就是一个判断市场情绪的"温度计"，既可以帮我们判断整个市场的情绪——是恐惧还是贪婪，也可以帮我们具体判断一支股票——是贵了还是便宜了。比如我们前文提到的市盈率指标，就是一个典型的估值面分析指标，我们在第七节还会详细展开介绍估值面分析的其他方法。

最后总结一下，通过市值＝净利润 × 市盈率这个公式我们可以发现：股价其实就是企业的赚钱能力这个客观因素和市场情绪这个主观因素的结合；分析企业的赚钱能力，可以让我们把握股价的长期走势，这就需要吃好"基本面"；把握市场情绪，可以帮我们捕捉股价的波动，赚取超额利润，这就需要吃好"估值面"。

五、基本面：投资股票必吃的"第一碗面"

所谓基本面，简单来说就是影响公司长期赚钱能力（从而影响股价长期走势）的三个主要变量，包括宏观经济、行业情况和公司情况。

事物是普遍联系的，这话用在股票上再合适不过了。能影响股价的因素很多，往大了说有经济、政治、社会等因素，往小了说有产品竞争力、品牌力、盈利能力等因素。这些好理解，还有一些比较出人意料的影响因素，比如上市公司高管喝醉酒在朋友圈乱说话，第二天公司股价大跌，这就无法预知了。

这么多因素怎么把握得住呢？关键要抓主要矛盾，即宏观经济、行业情况和公司情况。

为什么这三个是主要矛盾呢？因为投资股票就是投资上市公司，而一个上市公司发展得怎么样，一看宏观经济怎么样，二看行业怎么样，三看公司自身怎么样。

先看宏观经济怎么样。

宏观经济涉及的因素有很多，我们要继续抓主要矛盾，建议重点关注 GDP、M2、利率这三个核心指标。

GDP 是经济发展的成果。经济发展的成果本质上是所有企业发展的总和，只要 GDP 在增长，就说明还有一批企业在增长，同时也说明还有投资机会。

M2 是指资金的供应量。股市本质上是资金推动的，只要 M2 增速比 GDP 增速快至少 3 个点以上，就说明社会上的资金是比较充足的，这些资金要有地方去，股市就是主要的归宿。

利率可以看作资金的价格。利率水平降低，大家会倾向于借钱去投资，股市就有上涨的动力。利率水平提高，大家会倾向于把钱存银行或者买债券，股市就会有下跌的压力。

再看行业怎么样。

行业涉及的因素也有很多，而且不同行业区别还很大，我们更要抓主要矛盾，建议关注商业模式、发展空间、行业政策。

商业模式是看这个行业是怎么赚钱的。不同行业赚钱模式区别极大，白酒行业可以 30 元成本卖 300 元价格，有的行业则内卷到利润很薄，我们要找利润丰厚且长期稳定赚钱的行业。

发展空间是看这个行业的天花板。小行业很难孕育出大企业，就好比小池塘养不出大鱼，我们要找到星辰大海空间无限的行业。

行业政策是看一个行业是否受到重视。有政策支持，风口的"猪"也能飞起来，没有政策支持，千亿元市值也可能一夜缩水。因此，我们要把握政策方向，找到政策大力支持的行业。

最后看公司自身怎么样。

评价一个学生的标准有"德智体美劳"，五个因素抓住了主要矛盾。评价一个公司，也有主要矛盾。

一是创始人。没有乔布斯，就没有苹果的辉煌。没有马斯克，也不会有特斯拉的辉煌。为什么巴菲特投资比亚迪？因为他的老搭档芒格认为王传福是"爱迪生和韦尔奇的混合体"。

二是企业管理。华为为什么厉害，其卓越的管理厥功至伟。1995 年，华为邀请专家帮助其制定了《华为基本法》；1998 年，华为更是花费数十亿元邀请 IBM 对公司管理进行全面提升。

三是企业品牌。为什么茅台一瓶酒卖两三千元，大家还要抢，靠的就是品牌效应。尤其是对于那些直接面向消费者的消费行业、服务行业，品牌因素至关重要。

以上三个因素都非常重要，为我们提供了分析判断的关键点。我们在准备投资一支股票之前，就可以围绕这三个因素，尽可能搜集一切可获得的相关信息。这与认识一个人是一样的，不外乎多接触多了解，听其言观其行。

四是企业的赚钱能力。预判一个学生未来成绩的最好依据，就是看他过去和当下的成绩。同样的道理，预判一个企业未来的长期赚钱能力的最好依据，就是看它过去和当下的赚钱能力。这就要分析企业的财务数据，因为财务数据就相当于企业的"成绩单"。这才是最硬的标准。

但财务分析是非常专业的，我们作为普通人，就更要抓主要矛盾了，也就是选取最关键、最实用的几个财务指标。这个说来也话长，下一节继续。

六、基本面：六大核心指标透视企业的赚钱能力

这一节我们将围绕企业的赚钱能力也就是企业的盈利能力这一核心要素，为大家介绍六个最关键、最实用的财务分析指标。这些指标是我们进行基本面分析的核心内容。

1.净资产收益率

净资产收益率（Return on Equity，ROE）是反映企业盈利能力的核心指标。巴菲特曾说过，如果只能用一个指标去挑选股票，那一定是 ROE。其计算公式如下。

$$ROE= 企业税后利润 \div 企业净资产$$

一个企业的资金不外乎两部分，一部分是股东出的，一部分是借的。ROE 就反映了股东出的这部分资金一年下来的收益率是多少。

举个例子

小明投资了 50 万元，向银行借款 50 万元，共计 100 万元用于开设一家餐厅。租店铺、招人工、买设备、买食材，一年下来扣除各项成本，交了税，还了银行利息，还剩 10 万元利润。那么，小明餐厅的 ROE=10/50=20%，也就是小明一年赚了20%。

小明的朋友小黑投资了 50 万元，开设了一家茶馆。一年下来茶馆利润达到了 15 万元。那么这家茶馆的 ROE 为 30%。

现在小明和小黑都想找人入股，你更愿意投谁呢？显然是小黑的茶馆了。股票投资也是同样的道理，ROE 越高的股票就越值得投资。

但使用 ROE 要注意多看几年的数据。一个人做点好事不难，难的是一辈子做好事。企业也一样，一年赚钱不难，难的是持续赚钱。一个卓越企业和普通企业的区别在于：它的净资产收益率可以长时间维持在一个很高的水平。

比如小黑今年赚 15 万元，但其中近一半是凭朋友情分拉来的生意。到了第二年，朋友们见到小黑直躲，餐厅一年只能赚 8 万元了。而小明餐厅第二年却能赚 11 万元了。现在该投谁呢，显然是小明的餐厅。

ROE 要达到多高才值得投资呢？一般来说 15% 是一个标准，最好能持续高于 15%。

2.现金收入比

现金收入比是指收到的现金和账面收入的比值。这个指标也非常重要，有了现金收入比，我们基本上可以把大部分有财务造假和粉饰嫌疑的企业给排除了。

举个例子

小明的烤鸭店，一年卖 10 000 只烤鸭，每只卖 100 元，那么小明一年可以确认 100 万元的收入。如果小明的烤鸭卖出去后，100 万元现金全拿回来了，那么现金收入比就是 100%。

但如果小明的一个大客户，比如小黑餐厅的小黑，表示今年行情不行，他采购的那 20 万元的烤鸭暂时没法给现金，只能先欠着。那么小明就只能拿回 80 万元现金，现金收入比就是 80%。

一般来说，越是优秀的企业越能及时收到现金，甚至会有客户愿意提前预付款。也就是说，现金收入比越高越好，如果超过 100%，那就好极了。比如贵州茅台，现金收入比常年超过 100%，这才是实打实的赚钱能力。

3.季度收入增长率

企业要赚取利润，首先必须有收入。利润要增长，收入更需要增长。因此，季度收入增长率也是一个非常有用的指标，即一个季度的收入与去年同期收入的同比增速。为什么是季度而不是年度呢？因为季度数据比年度频率更高，更能精准评估企业赚钱能力的变化。

 举个例子

小明的烤鸭店和小黑的烤鸭店今年的生意都不错，收入都达到了 200 万元，相比去年有了 100% 的增长。也就是说，他们去年的收入都是 100 万元。此外，去年他们每个季度的收入均为 25 万元。

今年，小明的烤鸭店 1~4 季度的收入分别是 25 万元、50万元、50 万元、75 万元，则 1~4 季度的季度增长率分别为 0、100%、100% 和 200%。

小黑的烤鸭店今年 1~4 季度的收入分别是 75 万元、50 万元、50 万元、25 万元，则 1~4 季度的季度增长率分别为 200%、100%、100% 和 0。

我们应该投资哪个烤鸭店呢？显然应该是小明的。因为尽管两个店今年的收入总和相同，但小明的烤鸭店收入一直在增长，而小黑的烤鸭店却持续下滑。

季度收入增长率的计算很简单，找到上市公司的季度报告，直接查看每个季度的营业收入和同比增长率即可。

那么，季度收入增长率达到多少才算是好公司呢？通常情况下，如果一个公司在过去 8 个季度内，每个季度的收入增长率都超过了 15%，那么这个公司就值得我们关注。

4. 商誉净资产比

以上三个指标，分别反映了公司的盈利能力（净资产收益率）、盈利质量（现金收入比）和成长能力（季度收入增长率）。

我们在筛选公司做投资的时候，总希望这些指标大一点好。但商誉净资产比这个指标，反而小一点为好。

商誉是指公司在对外兼并收购时产生的一项无形资产。这可能还比较抽象，例如，小明想收购小黑的烤鸭店，目前小黑烤鸭店的桌椅板凳、店面装修、厨房存货、菜单配方全部折算在一起，净资产价值 100 万元。但小明着实喜欢小黑的烤鸭店，看小黑还有点不大爽快，大手一挥，120 万元买下了。

这多出来的 20 万元，并不对应实物资产，而会形成商誉。可见，商誉是无形资产，是收购方愿意付出的溢价。

一年后，烤鸭店的生意不好甚至亏钱了。那么这时候，按照我国企业会计准则的规定，就需要优先调整商誉的金额，把原来的 20 万元下调，这个动作叫作商誉的减值。

商誉减值对公司股东的影响是巨大的。因为商誉本身就是一种无形资产，一旦发生减值，就会直接导致公司股东的实际损失。

上市公司是会经常做一些收购的，所以多多少少会形成一些商誉金额。我们要把商誉和公司的净资产做比较，如果这个比例太高了，那就好比公司的资产有比较大的泡沫，泡沫一旦破了，股价自然就会大受影响。

我们做投资的时候，可以计算一下商誉净资产比，选择那些商誉净资产比低于 50% 的公司。更谨慎一点的话，商誉净资产比低于 30% 会更好。

5. 毛利率

毛利率这个指标最简单，我们在日常生活中会经常听到。但简单不代表不重要，这个指标其实反映了企业的核心竞争能力和核心盈利能力。其计算公式如下。

$$毛利率 = 毛利润 \div 营业收入$$

举个例子

比如小明的烤鸭店年收入 100 万元，烤鸭的成本是 50 万元，那么毛利润就是 50 万元，毛利率为 50%。小黑的快餐店年收入也是 100 万元，但成本只有 40 万元，所以他的毛利润就是 60 万元，毛利率为 60%。这就说明，小黑的快餐店盈利能力可能更强。

那毛利率怎么用呢？

首先当然是同行业比较。一般来说同一个行业的毛利率都差不多，比如烤鸭这门生意，已经很成熟了，毛利率就是那么个数，但如果某个公司的毛利率居然明显高于同行业，那就值得关注，或者某个公司的毛利率居然明显低于同行业，那就要剔除。

然后是不同行业比较。不同行业毛利率差距极大，比如白酒行业，毛利率能到 90% 以上，但生产一次性筷子这种低端制造业，毛利率就很低，显然白酒行业更值得关注。

6. 研发支出

研发支出这个指标往往会被人忽视，但其特别重要。我们都知道，科技就是生产力。但科技怎么来的呢？必须投入搞研发。研发投资越多，公司的未来发展自然具有更大的潜力。

举个例子

华为 2020 年一年的研发支出高达 1 417 亿元，而与华为类似的 A 公司，一年研发投入是 153 亿元。其实 153 亿元也不是一个小数目了，但与华为相比就差得远。因此，两家公司的发展差距甚大。

在使用这个指标时，我们首先要关注公司过去三年的研发支出绝对金额。如果每年能保持一定幅度的增长，那么未来发展自然可期。

其次要看研发支出占销售收入的比例。这个比例太低肯定不行，但太高也不好，太高往往预示着上市公司的研发投入不可持续，一般在 10%~30% 比较合理。

最后，我集中介绍一个比较重要的问题，即如何计算这些指标，是否会非常复杂和麻烦？其实很简单，下载一个桌面版的东方财富 Choice 或者同花顺，直接搜索你想要了解的上市公司名称，进入详情页面，就可以很方便地查到上市公司的财务数据及常用的、已经整理好的财务指标数据。

七、估值面：三个指标有效判断股价贵不贵

"吃"完了基本面，这一节我们再来"吃"价值投资的"第二碗面"——估值面。

估值主要有两种方法。一种是绝对估值法，比较常见的是自由现金流贴现法（DCF法）。这个是估值最基础的方法，但使用起来太复杂，对假设的要求也很高，所以并不太适合普通的投资者。另一种更常用的估值方法是相对估值法，比较常见的就是可比公司法，本章第一节中的那个例子，基本就呈现了可比公司法的逻辑，大家可以回顾一下。

可比公司法的核心是三个指标：市盈率、市净率和股息率。

1. 市盈率

前文已经提到过市盈率，其计算公式如下。

$$市盈率＝（本年）市值 ÷ （本年）净利润$$

简单理解就是，评估投资一个公司需要多少年才能回本。

这样评估的目的是判断这个公司的股价贵不贵。市盈率越低，投资一个公司回本时间越短，那么其投资价值自然越高。

市盈率虽然常用，但绝非完美。聪明的读者可能已经发现破绽了——**市盈率其实隐含了一个假设，那就是公司未来每年的净利润是不变的**，在这个假设基础上，才能计算投资这家公司多少年才能回本。

但这个假设显然不靠谱。在实际情况中，没有哪个公司能够保证其每年的净利润都是恒定不变的。

这就需要用到改进后的市盈率指标了。改进后，市盈率可以分为三种，分别是静态市盈率、滚动市盈率和动态市盈率。

静态市盈率是基于上一年度年报中披露的净利润计算得出的。由于净利润是上一年度的数据，因此它具有一定的滞后性。

如果用最近四个季度的净利润计算，就得到了滚动市盈率，相比静态市盈率则更贴近当前的情况。

动态市盈率是用市场对公司未来净利润的预测值来计算得出的，是一个超前的数值，不怎么受历史数据的影响。我们常说，买股票就是买公司未来的赚钱能力，所以如果预测比较准，动态市盈率更具备参考价值。

如何查看市盈率呢？我们只需打开任意一个证券交易软件，进入个股页面，点击"盘口"（可以理解为集成了一支股票交易动向的界面），就会出现一个类似于图 5-4 所示的页面。图中框起来的市盈（动）、市盈（静）、市盈（TTM）分别代表动态市盈率、静态市盈率和滚动市盈率。

图 5-4　市盈率盘口页面截图

市盈率具体怎么用？

第一，市盈率主要适用于弱周期性、稳定增长、高利润率的行业和公司，如消费、医药和互联网等行业。所谓弱周期性，指的是受经济周期波动影响较小的行业。例如，消费行业通常在经济衰退时仍然能够保持相对稳定，这是因为人们对于基本生活必需品的需求不会因经济状况而大幅减少。

第二，对于尚未实现盈利的企业来说，市盈率估值方法并不适用。

第三，从历史数据来看，不少行业盈利上升时，估值也会提高，也就是所谓的戴维斯双击；盈利下降时，估值也会下降，这就是戴维斯双杀。因此，我们在经济比较好的时候，可以投资顺周期的行业（简单理解就是，经济大环境好行业发展就好，经济大环境差行业发展就差），如水泥、重卡、工程机械、金融等；经济不景气的时候，则可以投资消费、医药、科技等弱周期性的行业。

第四，需要注意的是，市盈率并不适用于不同行业或不同种类的股票之间的比较。例如，生产白酒的企业的股票不应与生产手机的企业的股票比较。同样，大型企业的股票也不应与中小型企业的股票比较。

2. 市净率

市净率（也被称为 PB）是另一个关注度比较高的估值指标，公式如下：

$$市净率 = 本年市值 \div 本年净资产$$

要理解市净率，我们需要先搞懂市值和净资产的区别。市值是指整个公司的市场价格，这个由股票市场的买卖产生。而净资产是指公司所有的资产剔除所有的负债，是真正属于公司的资产。

举个例子

小明公司目前市值 40 亿元。公司的厂房价值 5 亿元，机床价值 5 亿元，账上有 5 亿元存款和 5 亿元理财，还有客户欠的 5 亿元货款；另外，欠银行 15 亿元。那么小明公司的总资产为 25 亿元，净资产为 10 亿元（25–15），市净率为 4（40÷10）。

假设小黑公司的市值为 40 亿元，其净资产为 20 亿元。那么小黑公司的市净率为 2。

哪个公司更值得投资呢？应该是小黑公司。因为同样的市场价格，买小黑公司可以买到更多的净资产。

也就是说，理论上，市净率越低，估值越低，越值得投资。

然而，市净率指标有一个明显的缺陷，那就是没办法反映公司的收入和经营情况。例如，小黑公司的净资产为 20 亿元，但目前公司的市值只有 18 亿元，市净率小于 1，用行话说就是"破净"了，也就是说你花 18 亿元能买到 20 亿元的净资产，岂不是稳赚不赔？

非也，有时便宜没好货。在实际情况中，上市公司一般不会"破净"，一旦"破净"就意味着公司很可能出了大麻烦，投资者都不看好这个公司，所以才不愿意给股票高价。

因此，我们使用市净率一定要综合考虑公司的经营状况，而不能孤立使用。此外，市净率主要适合于重资产行业和周期性行业，如银行、保险、化工、重型机械和造船行业等。

市净率具体怎么看呢？与市盈率一样，我们在证券软件的个股界面中打开"盘口"界面查找即可。

3. 股息率

股息率是指一家公司每年分给股东的现金红利与其股票市值的比率，公式为：

$$股息率 = 本年现金红利 \div 本年市值$$

要理解股息率，得先搞清楚现金红利。现金红利是指公司将部分利润以现金的形式分给股东，表明公司有良好的盈利能力和现金流。

举个例子

小明公司目前市值 40 亿元，每股价格为 10 元。公司今年准备分红 1 元 / 股，那么小明公司的总现金红利为 4 亿元，股息率为 10%（4÷40）。

如果小黑公司市值也是 40 亿元，每股价格也是 10 元，但公司今年准备分红 0.5 元 / 股，那么小黑公司的总现金红利为 2 亿元，股息率为 5%（2÷40）。

哪个公司更值得投资呢？应该是小明公司，因为同样的市场价格，买小明公司可以拿到更多的现金红利。也就是说，理论上，股息率越高，投资回报越高，越值得投资。

但股息率指标跟市净率一样，也有一个明显的缺陷，那就是没办法反映公司的成长性和发展潜力。例如，小黑公司虽然分红少，但是它把更多的利润用于研发和扩张，未来可能会有更多的收入和利润。而小明公司虽然分红多，但是它没有太多的创新和投资，未来可能会被竞争对手超越或者落后于市场需求。

所以使用股息率一定要综合考虑公司的行业特点和发展阶段，而不能孤立使用。而且股息率主要适合于成熟稳定、盈利能力强、现金流充裕的行业和公司，如电信、公用事业、消费品等。

那股息率具体怎么看呢？与市盈率和市净率一样，我们在证券软件的个股界面中打开"盘口"界面查找即可。

需要注意的是，在实际估值中，这几个指标最好综合起来使用，只有结合公司的行业特点、经营状况、成长性和发展潜力等进行综合分析，交叉验证，才能确定一个更为合理的估值区间。

八、技术面：三个核心要素教你吃透 K 线图

打开证券软件，首先出现的就是几条花花绿绿的线，这叫作 K 线（见图 5-5），是我们了解股价走势和波动的最基础的工具。它源于日本德川时代，当时的米商用它来记录米市的行情与价格波动，因为像一根根蜡烛，所以也叫蜡烛图，后来才被引入股票市场。

图 5-5　蜡烛图示例

蜡烛图被引入股票市场后，大家发现其千变万化，对于分析

研判股价走势很有帮助，于是发展出了一套一套的理论和技术，就形成了所谓的"技术面"分析，也被戏称为"看图炒股"。

关于"技术面"分析的书可谓汗牛充栋，但我们没必要都去学。按照最少必要知识的原则，我们搞懂三个关键词，即K线、均线、成交量，就基本够用了。

1.K 线

K 线就是图 5-5 中那些一根根像蜡烛一样的图形。K 线是怎么画出来的呢？它是基于开盘价、收盘价、最高价、最低价这四个价格绘制而成的。

举个例子

图 5-6 是 A 股票某天的价格走势，早上开盘成交的第一笔价格即开盘价；下午成交的最后一笔价格即收盘价；当日价格轨迹最高点即最高价；当日价格轨迹最低点即最低价。

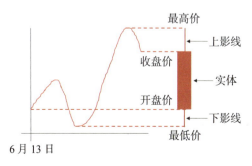

图 5-6　K 线阳线示意图

把开盘价和收盘价连接成长方形柱体，即实体；把最高价和收盘价连接成一条线，即上影线；把开盘价和最低价连接成一条线，即下影线。

实体和上影线、下影线连一起，就是 K 线。通过这根 K 线，我们就能大致把握 A 股票这天的价格波动了。由于收盘价高于开盘价，所以这是根阳线。

图 5–7 是 B 股票某天的价格走势，由于开盘价高于收盘价，所以这是根阴线。画法基本是一样的，但与阳线相反的是，阴线的上影线是把最高价和开盘价连接成线，阴线的下影线是把收盘价和最低价连接成线。

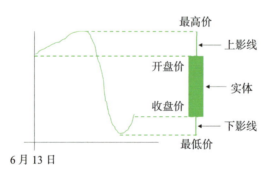

6 月 13 日

图 5–7　K 线阴线示意图

K 线的形态千变万化，那么我们如何更好地利用 K 线图呢？对于刚入门的读者，我建议把握以下四点。

首先看阴阳。看阴阳说白了就是看股价涨没涨及后续会不会涨。股市的一个基本规律是，**股价按趋势运行**，所以阳线预示着接下来股价还可能涨，阴线预示着接下来股价还可能跌。

其次看实体。实体是收盘价和开盘价的差，是股价实实在在的涨跌幅。实体越长，则涨势或跌势越猛，接下来股价进一步涨或跌的概率就越大。

再次看影线。上影线越长，接下来股价跌的概率越大；下影线越长，接下来股价涨的概率越大。例如，某股票一天中最高涨了 10%，结果收盘只涨了 1%，上影线很长，说明很多人在涨停后卖出，那么接下来股价很可能就要下跌。

最后要拉长时间观察周期。K 线按时间周期可分为日 K、周 K、月 K、季 K、年 K 等。周期越短，股价波动的随机性就越强；周期越长，股价波动的趋势性就越明显。因此，如果只看日 K 这种短期 K 线，不仅会浪费时间，而且也很难赚钱。

2. 均线

我们在 K 线图上可以看到环绕在 K 线周围彩色的细线，这些是均线。它们表示一段时间内股票的平均价格，是股票分析中最常用的技术指标。通过这些均线，我们可以判断股票的走势和趋势，从而寻找合适的买卖时机，如图 5–8 所示。

这根线是怎么画出来的呢？就是将一定时间内的股票收盘价相加，然后除以这段时间的天数，得到一个平均值；再将这些平均值连成一条曲线，就是均线了。

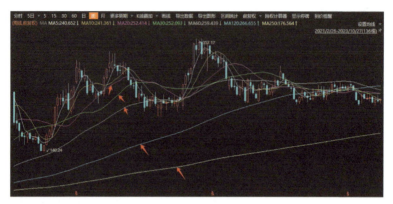

图 5-8　均线示例

假设某支股票最近 10 个交易日的收盘价分别为：10.01 元、10.12 元、10.13 元、10.25 元、10.11 元、10.00 元、9.98 元、9.90 元、10.17 元、10.27 元。

那么，第 5 个交易日的 5 日均线就是：（10.01 + 10.12 + 10.13 + 10.25 + 10.11）÷ 5 = 10.124。

第 6 个交易日的 5 日均线就是：（10.12 + 10.13 + 10.25 + 10.11 + 10.00）÷ 5 = 10.122。

以此类推，我们可以计算出每个交易日的 5 日均线，并将它们画在图上。

不同的时间长度会产生不同的均线，比如 10 日均线、20 日均线、60 日均线，等等。时间越长的均线越平稳，越能反映出股价的长期趋势；时间越短的均线越敏感，越能反映出股价的短期波动。

均线主要有两种用法。

一是**看股价趋势**。有了均线，我们可以清楚地看到股价所处的趋势是否发生变化。当短、中、长均线全部向下移动，说明大家卖出意愿比较强，看跌的人占上风，一旦短期均线开始上移，意味着看涨的人逐渐占据上风，随着短期均线上穿中长期均线，最终就形成股价上涨的趋势。

举个例子

如图5-9所示，红圈圈出来的地方，白色的5日均线向上移动，穿过了紫色的20日均线，形成所谓的**金叉**。这说明大家买入意愿比较强，看多的人占上风，意味着一个好的买入时机。接下来，股价果然走了一波强势上涨。

图5-9　金叉与死叉示意图

绿圈圈出来的地方，白色的5日均线向下移动，穿过了紫色的 20 日均线，形成所谓的死叉。这说明大家卖出意愿比较强，看空的人占上风，意味着我们应该卖出。接下来，股价果然快速下跌。

金叉和死叉就是我们通过均线判断股价趋势最常用的形态。

二是看阻力和支撑。均线的第二层含义是它代表了市场上买入股票者的平均成本。例如，5 日均线代表了市场上 5 天内买入者的平均成本。均线所在的点位往往是非常重要的支撑位或者阻力位，这是为什么呢？

因为股价在下跌的过程中触及市场的平均成本，这会引起投资者心理的变化，进一步影响他们的行为。例如，250 日均线代表了过去一年买入者的平均成本，当股价跌破 250 日均线时，意味着股价低于一年内买入者的平均成本。相对便宜的价格会吸引大量投资者买入股票，股价因此得到支撑。

举个例子

图 5–10 中的股票价格在触及下方白色的 250 日均线后，得到了稳定的支撑，形成了一个明显的底部。投资者们确认底部后，随后股价就开启了一波强势上涨。也就是说，250 日均线成了支撑线。

图 5-10　支撑线示意图

　　如图 5-11 所示，股价在一波上涨之后，触及白色的 250 日均线，随即开启了持续的下跌，说明 250 日均线对股价形成了明显的压制。这是因为股价在一波反弹后，回到了一年内买入者的平均成本，大量持有这支股票的人为了解套纷纷抛出股票，阻止了股价继续反弹。

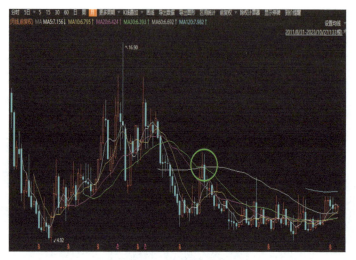

图 5-11　阻力线示意图

3. 成交量

成交量是指买卖股票的成交股数。如图 5-12 所示，红框框出来的即为成交量。它在 K 线图的下方，由一根根成交量柱组成，每根柱子对应一根 K 线。如果股价上涨，对应的成交量柱和 K 线均为红色，反之，成交量柱则为绿色。

为什么要关注成交量呢？因为成交量是反映股票市场供求关系的重要指标，而股市的供求关系和股价的走势密切相关。通过分析成交量，我们可以更好地判断股价的走势和主力的意图。一般来说，成交量和股价的变化有以下几种关系。

量价齐升：当成交量从低到高逐渐放大的时候，说明买股票的人在增加。为了能早点买到这支股票，有些人会不惜报出

图 5-12　成交量示意图

一个更高的价格，推动股价进一步上涨。这就是一个比较明显的买入信号。

量价齐跌：当成交量从高到低逐步萎缩时，说明市场冷清，买股票的人在减少。为了早点卖出股票，有人愿意用更低的价格出手，导致股价进一步下跌。这就是一个比较明显的卖出信号。

量增价稳：当股价横盘整理时，成交量却明显放大，说明市场有大量资金介入，可能是主力在偷偷买入股票。但这还需要结合其他指标和消息面进行判断。这时我们可以考虑买入一部分。

量减价涨：当股价缓慢上涨时，成交量却明显萎缩，说明市场没有新的资金跟进，股票可能出现顶部或者回调。这就是一个比较明显的卖出信号。

第六章

搞懂这些词，用基金帮你轻松赚钱

投资基金，亏钱很容易，我们只需要顺应自己人性的弱点，追涨杀跌、频繁交易、迷信排名就可以了。投资基金，赚钱其实也容易，我们只需要运用科学的策略，用纪律代替人性，按图索骥，符合条件就操作，钱自然就赚到了。

一、基金：我们为什么要投资基金

基金是一个很宽泛的概念，包括信托基金、私募基金、保险基金、公募基金等。但大家日常说的基金，其实是指公募基金，这是我们普通人理财最重要的品种之一。公募基金，简单来说就是大家把钱投给公募基金机构，基金经理拿着这笔钱帮大家投资，然后收一点管理费。

举个例子

小明是个投资奇才，这几年的投资生意做得风生水起。村里人看得心痒痒，想请小明帮大家做投资。小明说没问题，但有两个条件：一是要收管理费，每年按管理资金规模的 1% 来收；二是赔了钱不能去找小明麻烦。大家觉得合理，就签了协议。于是，村里 1 000 人每人投了 1 万元，1 支 1 000 万元的"基金"就成立了。

如果小明把 80% 以上的钱拿去投资股票，这支基金就属于股票型基金，如果他还想投资某个行业，比如新能源，就可以取名叫"明记新能源精选股票"，这就属于股票型基金里的**行业基金**。

如果小明把 80% 以上的钱拿去投资债券，这就属于**债券型基金**。

如果小明擅长投资一些银行定期存款、大额存单、银行票据这些基本与现金差不多的金融工具（称为货币市场工具），这就属于**货币型基金**，比如大家熟悉的余额宝，本质就是货币型基金。

如果小明是自己主动选股，这叫**主动型基金**；如果小明是直接跟踪股票指数，被动抄作业，这叫**被动型基金**，也叫**指数基金**（本章第五节还会详细介绍）。

基金的种类其实非常多，但我们最常用到的就是以上几类。掌握这几类基金，就基本可以解决绝大多数人的投资问题了。

为了便于管理，小明把基金分成 1 000 万等份，那么每份就值 1 元，叫作"**净值**"。村民小黑投了 1 万元，那他就持有 1 万份基金。

小明拿着钱进行投资，1 年后这 1 000 万元涨到 1 500 万元，1 份基金的净值就变成 1.5 元，收益率达到 50%。

村民小白觉得 50% 的收益很满意，就可以选择卖出基金。

村民小黑觉得，小明果然厉害啊！决定再投 15 万元。但现在 1 份基金净值是 1.5 元了，也就是小黑这 15 万元就只能买到 1 万份基金了。

这个例子举完了，我们也就基本明白公募基金是怎么一回事了。回到标题的问题，我们为什么投资基金？有三大理由。

一是门槛低，是普通人投资理财最常用的工具。打开支付宝 App 的基金模块，随便选一支基金，最低只要 10 元钱，你就能买入基金了。哪怕是大学生，哪怕没什么钱，我们也随时可以投资基金。这 10 元钱的基金里面，可能包含了十几支股票的成分，但如果你要直接去投资这十几支股票，资金门槛就会高得多。

二是收益好，甚至可以比投资股票更赚钱。图 6-1 是中证股票基金指数和中证全指的走势对比图，中证股票基金指数反映了我国股票型基金的整体表现，中证全指则代表了我国股市的整体表现。从 2007 年 1 月底到 2023 年 10 月底，中证股票基金指数从 3 000.66 点涨到 8 831.11 点，涨幅达到 194.31%，年化收益率约为 9.41%，而同期中证全指涨幅为 101.6%，年化收益率为 6.01%。也就是说，股票型基金的收益表现超过了股票的平均收益。

三是较省心，不需要耗费太多时间和精力。投资基金对我们普通人最大的好处就是省心。因为它本质上是把钱交给专业人士打理，自己不需去盯着市场，相比于我们自己去直接投资，自然省心省力不少。

写完这三个理由，说实话我都笑了，这可太像营销话术了。而且，这几年明明很多人买基金亏钱，这么写也有点反直觉。

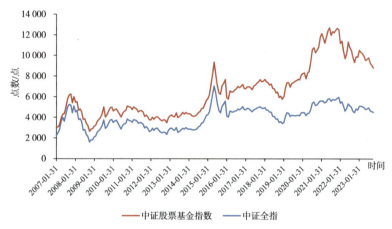

图 6-1　中证股票基金指数和中证全指的走势对比图

数据来源：Wind。

　　然而，这三个理由又是千真万确的，每一个都有充分的论据支撑。

　　既然投资基金有这么多优点，为什么很多人还是亏钱呢？投资基金到底怎么赚钱呢？我们下一节接着介绍。

二、基金：投资基金到底怎么赚钱

数据显示，2005—2020 年的 16 年间，我国偏股型基金指数累计涨幅 1 100.79%，年化收益率超过 18%。与之形成鲜明对比的是，基金业协会数据表明，截至 2018 年，自投资基金以来盈利的客户仅占 41.2%。也就是说，我国股票型基金每年平均收益率达到 19%，但 60% 的基民却是亏钱的。

所以我们要问了，为什么基金能赚钱，但基民却亏钱呢？

巴菲特的老搭档查理·芒格有句名言：**如果我知道我会死在哪里，我就一定不会去那个地方**。要知道投资基金到底怎么赚钱，我们不妨先分析一下为什么基民大多会亏钱？亏钱的原因出来了，不亏钱甚至赚钱的办法也就出来了。

原因一，喜欢跟风追涨。这是最致命的。因为喜欢追涨，就意味着会买在高点甚至最高点，而这就基本等于亏钱甚至是亏大钱。图 6–2 是 2005 年 1 月至 2023 年 4 月的公募基金发行份额与沪深 300 指数走势。我们可以清楚地看到，在 2015 年和 2020 年这两波牛市中，沪深 300 指数达到高点的时候，公募基金发行份额也完美地出现了高点。这表明**我国大多数基民买基金都是在市场很火热时跟风入场的。**

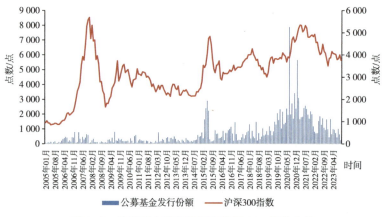

图 6-2 公募基金发行份额与沪深 300 指数走势

数据来源：Wind。

原因很简单，当股市行情火热的时候，很多平时不关注投资理财的人就会开始跟风入场。这时候公募基金就会借势发行新基金，市场越火爆，卖得越好。基金公司管理费赚得盆满钵满，但这些跟风入场的基民往往高位接盘。

原因二，操作太频繁。这是基民亏钱的第二大原因，也是通病。据基金业协会统计，我国几乎一半的基民持有单支基金的时间不会超过 1 年，能持有单支基金超过 3 年的基民只有 20% 左右。

为什么拉长周期一看，基金明明收益率都挺高的，但大多数基民似乎"魔怔"了一样，就是要不停地买卖呢？因为恐惧和贪婪的人性力量，大大超过了那孱弱的理性。基金赚了点钱，就急着想卖，因为时刻担心自己赚的这点钱过几天又跌没了；基金亏钱了呢？那更慌了，时刻担心还会亏更多，亏成无底洞。

在这种频繁操作下，最终只会让基金公司赚取大笔手续费，投资者自己则竹篮打水一场空。

原因三，迷信排名。这是我国基民亏钱的另一大隐性诱因。支付宝也好，天天基金也好，所有的基金平台都会有一个功能，就是给基金业绩排名。基民们看到这个功能，第一反应自然是给基金排个名看看。第二反应就是去找最近一两年业绩排名靠前的明星基金。看到这些明星基金年收益率大几十个点，甚至上百点，基民们便会心潮澎湃，直接买入。

结果好像有人故意要割自己"韭菜"似的，买入之后就开始下跌，账户就没有红过。奇怪吧？我曾经也很奇怪。

后来我才发现，这里面有一个非常大的陷阱，那就是现在排名靠前的基金，往往很快就会走下坡路，我们在其排名靠前的时候买入，往往就是买在了高点。

为什么会这样呢？因为股票市场的风格、热点是不断切换的，今年涨得很"凶"的行业，明年大概率就成了明日黄花。能够在市场的不断变化下，还能保持靠前业绩的基金凤毛麟角。

更多的情况是，部分基金公司为了赚更多管理费，抓住市场热点狂怼，业绩一下子就上去了，规模也就很快上去了，管理费自然赚得盆满钵满。至于后面市场风格变化，业绩下滑，就管不了那么多了。

梳理完亏钱的三大原因，我们发现，不管是跟风追涨、频繁操作，还是迷信排名，本质上都是因为我们**恐惧和贪婪的人性力量太强，而理性的力量太孱弱**。

人类有三重脑，本能脑、情绪脑、理性脑，其中本能脑源于人类爬行动物的祖先（有 3.6 亿年历史），情绪脑源于人类哺乳动物的祖先（有 2 亿年历史），理性脑则是人类成为灵长动物以来才长出来的（仅 250 万年历史）。

虽然理性脑最高级，但其容量和计算速度都远远逊于本能脑和情绪脑，而且还非常耗能。

人类的大脑状态就好像一个小娃娃（理性脑）骑在大象（本能脑 + 情绪脑）上一样，大象的情绪和本能上来了，小娃娃那点理性是根本管不住的。

所以我们才会由着自己的本能和情绪去不停操作、不停追热点。

该怎么办呢？是不断提升理性脑，让理性脑强大到可以抗衡本能脑和情绪脑吗？从生理基础上我们知道，这完全做不到。

正确的办法应该是**有策略地操作**。基金作为一个成熟的品种，实际上已经早有一整套比较科学有效的投资策略，比如怎么买，有定投策略；怎么卖，有止盈策略；怎么配置，有投资组合策略；怎么择时，有再平衡策略等。

　　这些策略都有深刻的逻辑基础和丰富的成功实践，无非是理解起来需要稍费一些脑力，需要完整系统地搞清楚整个逻辑。本书后面的章节要做的就是尽可能把这些逻辑讲清楚。

　　一旦我们吃透了这些策略，并且严格遵守这些策略，同时经过一整轮的实践，尝到了这么做的好处，就会发现，原来基金投资是很简单的！

　　我们不再是每一笔投资都从头开始、糊里糊涂、患得患失，而是遵循着固定的套路和纪律来投资，直至其变成一种傻瓜式操作。

　　这样一来，投资基金会变得轻松很多，我们就可以把更多的时间和精力放到自己的主业和成长上，这才是投资基金的正确“姿势”。

　　毕竟，如果我们的本金太小，即使每年能达到18%的收益率又能怎么样呢？

三、债券型基金：比余额宝更好的低风险理财

2013 年，余额宝横空出世。它与现金差不多，能随取随用，但每天却能够有肉眼可见的、比银行利息高得多的收益，而且阿里巴巴也是众所周知的大企业，风险也低。所以它一下子就火了，开创了我国互联网理财元年，也成为很多人对于理财的第一选择，甚至是唯一选择。

然而时过境迁，10 年过去了，余额宝的收益不断下滑。2013 年，余额宝每万份收益最高曾超过 1.7 元，存 10 万元一天就能赚 17 元，能解决一顿午餐的花费。但到了 2022 年 8 月，向余额宝存入 10 万元，一天只能赚 3.9 元，收益比银行定存还低。

所以有没有其他像余额宝这样风险比较低，但收益更好的产品？有，首推债券型基金。本章第一节举过例子，如果一支基金把 80% 的钱拿去投资债券，这就是债券型基金。

债券型基金的收益如何？

如图 6-3 所示，在过去的 200 年里，美国的短期政府债券

价格增长了 275%，而长期债券的价格更是增长了 1 600%！可以看到在各类金融资产中，债券的长期表现仅次于股票。

图 6-3　1801—2011 年美国大类资产走势图

　　图 6-4 是中证债券基金指数的走势图，反映了我国债券型基金的整体走势。从 2003 年年初的 998.31 点到 2023 年 10 月底的 3 080.59 点，涨幅达到 208.58%，年化收益率约为 5.63%，超出目前三年定期存款利率（2.45%）3.18 个百分点，比余额宝的收益率更是高多了。

　　有人可能会有疑问，股票的收益不是更高吗，直接买股票型基金不就行了？这里需要再强调一下"低风险"这个关键词。债券型基金的关键价值在于它有比余额宝高不少的收益，同时还有比股票型基金明显更低的风险，这对于不喜欢高风险，但又想提高理财收益的读者来说，就是一个不能错过的选择了。

图 6-4　中证债券基金指数的走势图

数据来源：Wind。

为什么债券的风险会比股票明显更低？

债券不同于股票。买了股票，我们就成了所买公司的股东，未来如果公司经营不善倒闭了，那么它的股票可能变得一文不值。因此，股票未来的收益与风险有着很大的不确定性。而债券本质是一张借条。从一开始双方就要约定好借钱的期限和利息，并且承诺到期归还固定的本金和利息。比如国家开的借条就叫国债、金融机构开的就叫金融债、企业开的就叫企业债，等等。

这张借条代表的是价值千金的信用：国家要是不还钱那就是国家信用破产，后果很严重；金融机构运转本身靠的就是一个信用，不还钱就等于自杀；现代的公司都是负债经营，一次借钱不还，以后很难再借钱，或者借钱成本会变得极高，所以公司不到万不得已，都不会不还钱。

另外，对于一个公司而言，如果它既发行了股票，又发行了债券，万一它破产了，那么在清算的时候是需要优先还债的。

这就是债券风险比股票低得多的原因。

目前，我国的债券市场规模已经突破上百万亿元，但涉及违约的金额总共不超过 1 万亿元，也就是整体违约率不超过 1%，比银行贷款的坏账率还低。

为什么我们的投资组合不能没有债券型基金？

债券型基金的投资价值不仅在于低风险，也在于它对于我们的整体投资组合（参见第四章"投资组合"和"美林时钟"部分的内容）有着必不可少的价值。

首先，它是我们避险的好工具。一般在整个市场波动很大，股市大起大落的时候，大家就更倾向于买一些风险更低的投资品。这时，还本付息的债券就变成了"稳稳的幸福"。甚至在股市涨得太火热的时候，我们可以考虑把退出股市的钱买入一些债券型基金，避免未来市场泡沫破裂、遇上大跌的风险。

其次，它可以提升投资组合的稳定性。债券有一个特点，那就是**它的整体表现和股票是负相关的**。比如 2022 年上半年，股票市场一路下跌，债券市场则表现优异，大多数债券都涨得不错。所以债券型基金的作用就好比货船中的压舱石，无论股票市场是涨还是跌，债券型基金都能提供稳定的收益，"镇住"整个组合。

最后，债券是我们中短期理财的利器。经常有文章告诉大家投资基金一定要长期投资。这话其实只说对了一半。如果要投资股票型基金，那确实需要长期投资（至少 3 年以上），因为股票市场短期波动很大，不耐心持有，我们中途就会亏钱出局。但债券型基金并不需要长期投资，因为债券是固定还本付息的品种，基本不会有短期大幅下跌的风险，所以就比较适合中短期资金的打理了。

四、债券型基金：三步"玩转"债券型基金

知道了关于债券型基金的"what"和"why"，这一节我们直接介绍"how"：三步"玩转"债券型基金。

第一步，做减法。

截至 2023 年 7 月底，我国共有 5 536 支债券型基金[①]。这么多基金我们怎么选呢？其实很简单，不断做减法即可。

债券型基金主要分为三大类：纯债类基金、混合债券型基金和指数债券型基金。建议直接排除混合债券型基金和指数债券型基金，这样选择范围就缩减到 1 799 支了。为什么要直接排除它们呢？我们一个一个来说。

（1）纯债类基金。顾名思义，就是只投资债券的基金。这类基金也比较好辨认，一般都带有"纯债"二字。例如，广发纯债债券 A。这类基金是我们投资债券型基金的首选，原因我

---

① 数据来源：晨星基金网。

们下文还会分析。

（2）混合债券型基金。顾名思义，就是投资范围比较混合，虽然有 80% 以上的资金是投资债券，但另外不到 20% 的资金还可以去投资股票。其目的当然是增加投资收益。

有些读者可能会认为，拿小部分的资金投资股票搏一搏，不挺好的吗？也算进可攻退可守，为什么要排除呢？

还记得我们上一节讨论过的投资债券的初衷吗？其核心在于看中了它风险较低的优势。但混合债券型基金却与这个优势相悖。因为它要同时投资股票和债券，看起来是不错，但其实术业有专攻，一个基金经理基本上不可能同时精通债券和股票。

如果我们想要博高收益，直接去买股票型基金就行；而想要稳健低风险，那就得选纯债类基金。与其花时间和精力去挑选混合债券型基金，其实不如分别去精选纯债类基金及股票型基金，这样更直接，也更清楚。

（3）指数债券型基金。简单来说，它是专门跟踪债券指数的基金。那么什么是债券指数呢？打个比方，它就像网易云音乐里面的歌单，已经选好了一系列的债券作为样本，而指数债券型基金会严格按照"歌单"所选的样本（及其权重）来投资债券。

它的出发点是好的，想要分散风险。但债券不同于股票，优质公司发行的优质债券是有限的。因此，那些规模越大、行业内门路越广的基金公司，越容易拿到相对足够的债券份额，它们旗下的债券型基金表现也越优秀。

也正是因为这一点，**历史业绩良好的债券型基金，它们的业绩通常具有一定的持续性**。因此，在有更优秀的纯债类基金可以挑选的前提下，我们往往能够获得超越债市平均水平的收益，就没有必要去买指数债券型基金了。

现在只剩下纯债类基金了，但 1 799 支还是太多了，那就继续做减法。这时我们可以引入一个工具——晨星基金筛选器，其界面如图 6-5 所示。我们只需在百度上搜索"晨星基金网"，即可找到该工具。

图 6-5 晨星基金筛选器界面展示

资料来源：晨星基金网。

我们首先减掉规模过大和过小的，**留下 5 亿元 ~50 亿元作为债券型基金备选**，还剩 1 124 支。原因如下。

一是由于优秀的债券份额本身是有限的，所以基金规模偏小一些，基金经理更容易把资金分配在优质资产上。如果要管的钱比较多，基金经理就不得不退而求其次，配上一些次优，甚至一般的债券。

二是基金的规模小一些，基金整体的流通性会更好，基金经理更容易操作，"船小好调头"。

但基金的规模也不能太小。太小的话，一旦出现投资者们集中赎回，或某些机构投资者大额赎回，就容易影响基金的正常运行。

然后，我们减掉近 3 年业绩排名后 50% 的基金，还剩 204 支。为什么要看近 3 年的业绩呢？

前文介绍过，债券型基金的业绩是有延续性的，所以我们要拉长点时间看其业绩。如果基金成立不满 3 年，业绩还没经过时间考验，我们就可以直接将其排除。

为什么不以 5 年甚至更长时间为标准呢？因为目前国内成立时间超过 5 年的债券型基金还不多，这样会将样本删减太多。

接下来，我们选择开放式的债券型基金，这种基金比较方便购买，此时还剩 106 支。

然后选择三年晨星评级 3 星以上的债券型基金，相当于让国际权威评级公司帮我们筛选一遍，这就还剩 67 支。到这一步，减法就做完了。

第二步，做精选。

67 支债券型基金可以入我们的备选池了，但还需要进一步精选。我们可以从以下 5 个方面来做精选。

一是风险控制能力。我们可以看两个指标，三年标准差和三年晨星风险系数，这两个指标越小越好。我们可以分别将其按照从低到高的排序，选择排名前 30 的。

二是基金公司。我们可以按照管理规模对基金公司进行排序，只买管理规模处于前 50% 的基金公司的基金。

三是基金经理。我们可以通过天天基金网去查询基金经理的简历，重点看他的管理经验和业绩，如果其专注于管理纯债类基金，并且业绩高于同类平均值，那就可以了。

四是基金持仓情况。点开一支基金，进入具体的产品页面后，看"债券品种"板块，我们就可以看这支基金持有的具体品种。这里把握两点，首先是企业债和公司债的比例最好低于同类平均水平，因为这两种债券的风险相对较高。其次建议选择可转债的持有比例为 0 的产品，因为可转债的利率是极低的。

第三步，学会买卖。

到这一步就基本只剩下那么几支（不到 5 支）符合心意的纯债类基金了。更关键的问题就来了，那就是"怎么买，怎么卖"。

这里我们要遵循以下四个原则。

一是在货币宽松的时候买债券型基金。央行加快"放水"的时候买债券，往往会有不错的回报。当央行实行货币紧缩政策时，债券可能会表现不好。这点在"美林时钟"一节解释过。

具体怎么操作呢？我们可以关注一个指标——10年期国债收益率。当10年期国债收益率处于下滑趋势时，说明目前在加快"放水"，这时我们就可以考虑买入债券型基金了。

这个指标可以通过新浪财经的网站查看。如图6-6所示，绿框框出来的部分就是一个明显的国债收益率下滑趋势，这时候就非常适合买债券。

图 6-6　中国 10 年期国债收益率走势

资料来源：新浪财经。

二是在股票的熊市时买入债券型基金。在股票熊市时，债券的表现往往会比较好。这是因为"股债跷跷板效应"：当股市表现较好的时候，债券往往表现一般，而在熊市时，股市跌得很惨，债券的表现就不错。

三是出现浮亏时通常不要止损，可择机加仓降低成本。如果你买了纯债类基金后亏了，其实完全不用慌，更不用急着"割肉"，反而可以抓住这个低买的机会，再买一些，拉低自己的投资成本。因为不同于股票型基金，债券本身还本付息的特点，让债券型基金的下跌幅度有限。

四是利率开始上升的时候考虑卖出。也就是说，处于图 6-6 中红框的阶段时，我们就可以考虑卖出基金了。

五、指数基金：最适合普通人长期投资的品种

指数基金一直都是非常热门的投资品种，也是最适合普通人长期投资的品种之一。股神巴菲特曾多次极力推荐指数基金，并指出：**对于绝大多数没有时间进行充分的个股调研的中小投资者，成本低廉的指数基金或许是他们投资股市的最佳选择。**

指数基金到底是什么？

简单来说，就是专门"抄股票指数作业"的基金（这里不考虑指数债券型基金），基金经理要做的就是跟着股票指数买股票就行。与之相对的是主动型基金，是指基金经理"自己做作业"，自己去选股。

股票指数又是什么呢？股票指数是用来反映一批股票的总体价格水平的。

举个例子

全 A 股上市公司共有 4 600 多家，如果我们想知道 A 股整

体行情怎么办？可以看上证指数和深证成指，它们分别反映了上交所和深交所所有股票的总体价格水平。

如果我们想知道 A 股龙头企业的股票行情怎么办？可以看沪深 300 指数，其选取了上交所和深交所市值规模最大的 300 支股票。

如果我们想知道具体行业比如医药行业的股票行情怎么办？可以看医药 100 指数，其选取了全 A 股规模最大的 100 支医药股票。

各种股票指数有很多，但主要分两种，一种是宽基指数，不局限具体行业，比如沪深 300 指数、上证 50 指数、中证 500 指数等；一种是行业指数，聚焦具体行业，如新能源行业指数等。

而指数基金就是专门投资这些股票指数所选的股票，如沪深 300 指数基金，就是投资沪深 300 指数选的 300 支股票。

为什么巴菲特强烈推荐指数基金？

指数基金有以下两大核心优点。

其一，指数优中选优，长期来看必然涨。

截至 2023 年年底，我国的公司数量超过 5 000 万户，但其中上市公司数量合计只有 5 346 个，可以说是万里挑一。而股票指数所选取的股票，往往会优中选优，因此更是佼佼者中的佼佼者。

经济的发展说到底是公司带来的，我国 GDP 目前每年增长 5% 左右，说明我国公司的整体增速就是 5% 左右。上市公司作为佼佼者，其增速必然高于平均水平，一般在 10% 以上。而优中选优的股票指数，其增速自然更快。本章第一节中已经用数据进行了充分说明。

因此，只要经济在增长，那么股票指数就必然上涨，而且增速更快。

我们的经济是不是可以保持长期增长呢？或者说人类的经济体真的可以一直保持增长吗？

美国的 GDP 在过去 200 年里大约增长了 33 000 多倍，年均复合增长率为 3% 多一点，这就是最好的样本。这期间当然有一些经济危机、经济增速为负的时候，但这改变不了 GDP 长期增长的大趋势。

为什么经济会这样长期复利性地增长呢？

图 6–7 是斯坦福大学一位教授带领团队花了十几年时间做出来的人类 16 000 年来的经济活动变化图。其基本方法是通过各种现代科技手段，对人类过去上万年历史里攫取和使用的能量进行计量。因为人类基本的经济活动说到底就是攫取和使用能量，所以这张图能反映过去上万年人类经济活动的总量变化。

总的来说，在过去的 10 000 多年里面，一直到 1770 年左右，增长几乎是平的。但自 1770 年代以来，人类文明突然出现了直线上升，于是就有了 1 美元股票变成 100 万美元这样的增长。

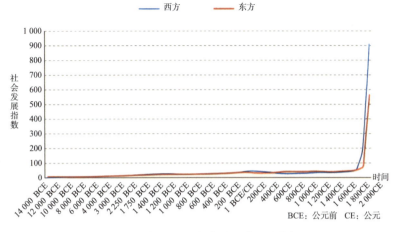

图 6-7 人类 16 000 年来的经济活动变化图

为什么人类的经济活动会出现这样突然的激增呢？1776 年是一个重要时间点。公元 1776 年，人类发生了两件大事：亚当·斯密（Adam Smith）出版《国富论》，瓦特宣布制造世界上第一台蒸汽机。

这两件事标志着市场经济和现代科技的产生。从这一年开始，人类文明进入了现代化，人类的经济活动就开始直线上升了。而一旦人类进入了现代化，人类这种由市场经济和现代科技共同形成的、持续的、长期的经济增长就是可预期的，那么股票在长期来看，依然会有巨大的复利效应。

其二，指数不断新陈代谢，可以永续存在。

再辉煌的公司也可能落寞，比如诺基亚，甚至可能倒闭，比如当年美国顶级投行雷曼兄弟。因此，投资个股你会有本金永久损失的风险，也就是说你的本金不仅会亏掉，而且没法再赚回来。

但股票指数不一样，它遵循一个不变的规则，比如沪深 300 指数，它里面包含的股票会经常变动、优胜劣汰，但"只选择市值规模最大的 300 支股票"的这个规则是不会变的。我们什么时间买沪深 300 指数基金，都能买到当时"最新鲜"的 300 支最大市值的股票。

综上，我们可以得到如下结论：既然经济的持续上涨是可预期的，而股票指数又不断新陈代谢，永续存在，那么从长期来看，只要我们坚持投资那些能够代表并且引领经济长期增长趋势的股票指数，我们大概率可以赚钱，而且收益大概率大幅跑赢 GDP。

核心要点是：我们选择的股票指数必须能够代表甚至快于整体经济的增长。如果我们选择的是比如能源、纺织这类行业的股票指数，就不仅不能代表整体经济的上升趋势，反而可能沿曲线一路下滑。同时，投资周期要长，因为周期越短，我们越容易被短期的波动所迷惑，而周期越长，长期增长的确定性就越强。

这个结论我们需要一字不漏地记下，因为这就是能够让我们普通人稳稳地分享经济发展长期成果的核心策略了。

六、指数基金：手把手带你筛选指数基金

上一节指出，投资指数基金要赚钱，核心要点是"我们选择的股票指数必须能够代表甚至快于整体经济的增长"。那么，问题来了，目前市场上的指数基金有 2 000 多支，到底怎么选择指数基金才能符合这个要求呢？

在回答这个问题之前，我们需要先简要了解一下指数基金的分类，然后一边分类，一边做减法。

第一种分类，分为场内和场外。

简单来说，场内指数基金就是只能在股票账户买的指数基金，可以像股票一样，随时交易。场外指数基金则是在支付宝、天天基金网这些互联网平台就可以买的指数基金。这二者各有优劣，但场外基金更适合新手和懒人，我们可以直接"减掉"场内基金。

原因是场外基金门槛更低，不需要开设股票账户，而且操作更方便。现在支付宝、天天基金网这些平台，都可以设置自

动定投（也就是自动帮你定期投资，下面两节还会重点展开介绍）甚至智能定投，做投资组合也相对方便一些，但对于场内基金，实行这些操作就会麻烦一点。

第二种分类，分为增强型和被动型。

简单来说，被动型指数基金就是"完全抄股票指数的作业，自己不动一点脑筋"的指数基金。而增强型指数基金就好比是一位"斜杠青年"，它的"主业"还是跟踪对应指数，也就是它80%以上的钱还是用于复制指数；但它还会拿出20%以内的钱去做主动投资，争取比指数多赚点副业收益。

但增强型指数基金真的可以"增强"吗？我们用数据说话。

表6-1是近十年我国增强型指数基金与被动型指数基金（即基准基金）的业绩对比。我们可以发现在大多数年份，多数的增强型指数基金都可以跑赢被动型指数基金，甚至有的年份高达95%以上的增强型指数基金都跑赢了被动型指数基金。但具体到单支基金来看，表现好的增强型指数基金最高能跑赢被动型指数基金59.7个百分点，而表现不好的增强型指数基金甚至跑输被动型指数基金23个百分点，差距可谓悬殊。

表6-1 近十年我国增强型指数基金与被动型指数基金的业绩对比

年份	跑赢基准基金数量占总数比例	单支基金超额收益（MAX）	单支基金超额收益（MIN）
2013	58.33%	12.089 6	−2.730 8

（续表）

年份	跑赢基准基金数量占总数比例	单支基金超额收益（MAX）	单支基金超额收益（MIN）
2014	62.96%	8.446 4	−23.159 8
2015	80.00%	25.228 8	−9.696 2
2016	86.49%	17.927 7	−5.122 8
2017	67.39%	16.214 7	−8.757 4
2018	76.19%	12.031 4	−20.837 3
2019	86.25%	26.837 2	−8.254 2
2020	95.92%	59.729 6	−4.453 7
2021	83.61%	29.636 2	−15.643
2022	67.90%	12.654 8	−11.319 2

数据来源：Wind。

结论显而易见，增强指数型基金整体而言确实是可以增强业绩。但单支基金就不一定了，不同的增强型指数基金可谓良莠不齐。

因此，建议主要投资增强型指数基金，但一定要做好筛选。后文还会介绍具体的筛选方法。

第三种分类，分为宽基指数和行业指数。

简单来说，宽基指数是通过股票的市值规模来选股票的股票指数，行业指数是通过行业门类来选股票的股票指数。

比如沪深 300 指数，就是选取了上海证交所和深圳证交所上市公司中规模最大的 300 个公司的股票。而医药 100 指数就是典型的行业指数，反映的是特定行业股票的整体价格水平。

这两种该怎么选呢？建议主要投资宽基指数基金。

因为宽基指数基金可以涵盖各个行业，有点像抽样调查，更能够反映经济整体发展成果，更符合我们上一节关于股票指数选择的要点，即股票指数要能够代表整体经济的增长，从而帮我们从社会整体财富的增长中分一杯羹。

我对主流的宽基指数进行了整理，如表 6-2 所示。这些宽基指数可能比绝大多数"股神"给你的代码还要好，我们未来赚的钱可能一半以上都来自这个小小的列表。

表 6-2　主流的宽基指数

跟踪指数	编制规则
上证 50 指数	由沪市 A 股中规模大、流动性好的最具代表性的 50 支股票组成
沪深 300 指数	由上海和深圳证券市场中市值大、流动性好的 300 支股票组成
深证 100 指数	包含了深圳市场 A 股流通市值最大、成交最活跃的 100 支成分股
中证 500 指数	由全部 A 股中总市值排名 301~800 的 500 支股票组成
中证 1000 指数	由全部 A 股中总市值排名 800~1 800 且流动性好的 1 000 支股票组成
创业板指数	由创业板中市值大、流动性好的 100 支股票组成
创业板 50 指数	由创业板中日均成交额较大的 50 支股票组成，同时剔除温氏股份
科创 50 指数	由科创板中市值大、流动性好的 50 支股票组成
中证科创创业 50 指数	从科创板和创业板中选取市值较大的 50 支新兴产业股票作为指数样本

而行业指数由于聚焦于特定行业，投资起来难度更大，甚至可能踩雷。一是其波动起伏相比整体经济往往更剧烈，时间也可能更久。有的行业低迷起来持续好几年，是很磨人的。二是投资行业指数需要更多行业知识，投资门槛更高。三是会存在某些行业遭遇毁灭性打击而一蹶不振的情况，而宽基指数几乎是不存在这种情况的。

我们具体怎么挑选指数基金呢？

说完指数基金的分类后，我们还会面临一个问题，即同一个指数，比如沪深 300 指数，往往会有很多支跟踪它的指数基金，这么多可选项，我们具体怎么挑选呢？这分为以下三步。

第一步，拉列表。比如我们要买跟踪沪深 300 指数的指数基金，但是跟踪沪深 300 指数的指数基金起码几十支，如何快速查到这些基金的详细列表呢？很简单，在天天基金网、支付宝等第三方基金平台进行搜索查询，并点击"查询更多搜索结果"即可。

第二步，看规模。规模 5 亿元以下的指数基金建议直接删除。基金规模过小，基金公司就赚不到多少管理费，对于赔本赚吆喝的事情，基金公司没理由一直做下去，就可能会"清盘"。简单理解就是基金公司不干了，把钱退给投资者，这就会中断我们的投资。

第三步，看业绩。指数基金虽然是"抄作业"，但也有抄的不像，业绩掉队的。因此，我们要做业绩比较，把明显有业绩差距的基金排除掉。天天基金网、支付宝等主流的基金平台都有业绩比较功能，这很简单，就不赘述了。

第四步，看费率。指数基金之父约翰·博格尔指出，**高昂的投资运作费用可能拉低投资者的收益**。目前各大基金平台的费率不会有明显差别了，但需注意一点，最好不要通过银行买基金，因为通过银行渠道购买基金的费率一般会比互联网平台的费率高一些。

如果是被动型指数基金，上面四个筛选标准就够了。但如果是增强型指数基金，那么我们还需要关注一下基金经理的情况。如果回看那些历史业绩表现不错的增强型指数基金，我们会发现它们的基金经理往往都具有**量化投资背景**。

量化投资，简单来说就是基金经理把自己的投资思路写成代码，然后借助计算机完成投资决策。为什么投资增强型指数基金要借助"电脑"呢？原因也很简单，指数基金纳入的股票几十上百支，单靠人力去研究太难了，而电脑就完全不同了，它可以 24 小时不间断工作，处理海量信息。因此，我们在查看基金经理的履历时，要重点看他是否有量化投资经验。

七、定投：为什么很多人总是做不好定投

你应该发现了，在前面两节我介绍了指数基金有多好，怎么挑选，却没介绍指数基金到底怎么投资。不急，在接下来的两节我就会详细介绍定投——一种和指数基金堪称"天作之合"的投资方式。

定投的概念极其简单，就是定期、定额买入。比如你有 1 万元，一次性买了一支基金，这叫一次性买入；分 10 个月，每个月投 1 000 元，这就叫定投。

定投到底好在哪里？

我猜可能很多读者都听说过定投很神奇，似乎只要用了定投去投资基金，就一定能赚钱，甚至稳赚不赔。其逻辑是这样的：在基金持续下跌的时候，基金的净值就会越来越小，你只要坚持定投，那么相同的一份资金，就可以买到越来越多的基金份额，相当于低买；而等到市场反弹，基金净值来到高位，我们就可以卖出获利，相当于高卖，形成一个微笑曲线，如图

217

6–8 所示。

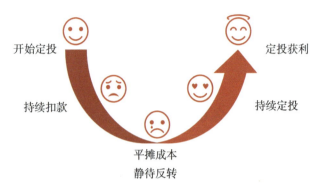

图 6-8 定投微笑曲线

　　这就好比，面粉价格持续下跌，10 元 1 斤的时候，你花 100 元买 10 斤，一个月后 5 元 1 斤，你花 100 元买 20 斤，再过一个月 2 元 1 斤，你花 100 元买 50 斤。手里囤了 80 斤。又过三个月，面粉价格触底反弹，又回到 10 元 1 斤，你以 800 元的价格一次性卖出，赚到 500 元（800-300）。

　　是不是听起来美滋滋？我猜听过这个逻辑的读者都试过定投，刚读完的读者一定在跃跃欲试。但我猜试过的读者也许有过失望或迷茫——定投好像没那么好啊？辗转试了多次，但该亏钱还是亏钱？

　　这其实很普遍，我自己也曾经对定投失望过，觉得这就是一个听着美好实际上没用的东西。

　　是这样吗？当然不是。如果我当时就此放弃定投，也就不会写这部分内容了。

其实定投确实是个好东西，但它的好肯定不在于它能包你赚钱，否则世界上就不会有那么多穷人了。它真正的好在于可以帮助我们管住手，让我们有策略地操作。

还记得基金赚钱但基民不赚钱的原因吗？核心原因就是跟风追涨，频繁操作。而用上了定投，无论市场涨跌，你都开心：市场上涨，你开心，因为你可以赚钱了；市场下跌，你开心，因为你可以买到更多的基金份额。

定投的几个常见误区。

既然定投确实好，为什么很多用过的人还是赚不到钱呢？我们继续逆向思维，看看定投的几个普遍误区。

第一，什么基金都定投。

很多人学习定投的第一件事就是，把自己手里的基金，都设定为定投模式，觉得只要用上定投就万事大吉了。其实不然，并不是什么样的基金都适合定投。

因为根据微笑曲线的原理，定投要成功，基金的走势得是一条波动上升的曲线。我们只有在波动下降环节定投买入，在波动上升环节卖出，才能实现一个又一个的微笑曲线。

这句话的背后有两层含义。

第一层，它得有一条曲线给你看。只有指数基金才能画出曲线，主动型基金是画不出来的。因为指数基金是抄股票指数的作业，它的走势基本等同于相应股票指数的曲线。而主动型基金，完全是基金经理自己选股，但基金经理的选股并不会实时公布，而且持股也会经常变动，所以并不存在客观的走势图。

也就是说，主动型基金是不适合定投的，因为它都没有曲线，还怎么实现微笑曲线呢？

第二层，它得是一条上升的曲线。这很好理解，如果曲线从长期来看是持续下滑的，那么从数学角度看，我们显然不可能赚钱。

也就是说，真正适合定投的基金，不仅得是指数基金，而且得是长期走势向上的指数基金。等一等，这句话是不是很熟悉？

我们在前文不就提到要选择那些能够代表甚至快于整体经济增长趋势的股票指数吗？

因此，真不是什么基金都能定投的，**最适合用来定投的基金，是那些能够代表甚至快于整体经济增长趋势的股票指数的指数基金**。这二者可谓是天作之合。

第二，不论什么时候都定投。

定投还有一个常见的误区是，认为要做定投，就应该自始至终、不论贵贱去投资。这显然是不合理的。超市的苹果5元一斤可以买，涨到了100元一斤，你肯定不买了。

定投是一样的道理，一定得在市场处于下跌趋势，比较便宜的时候定投，也就是在微笑曲线的左侧定投。我们怎么才能知道市场处于下跌趋势或者价格比较便宜呢？下一节还会详细介绍识别方法。

第三，该投的时候不敢投。

当市场持续下跌或很低迷的时候，怕得不行，怕自己越亏越多，于是赶紧停止定投。这是做定投时最不应该犯的错误。实际上越是市场下跌或者低迷，往往越应该做定投，这是捡便宜筹码的好机会。

第四，不该投的时候拼命投。

当市场涨势很好很火热的时候，也怕得不行，怕自己赚少了，于是不仅不停止定投，还超级加倍追加定投。这完全是快速亏钱的绝佳手段。

因此，到底怎样才能做好定投呢？下一节，我会手把手揭秘做好定投的有效技巧。

八、定投：手把手带你完整地做一轮定投

假设小明 25 岁，月薪 10 000 元，每月包括房租等各项支出共花费 6 000 元，一个月结余 4 000 元，年终奖金 30 000 元，目前手里还有 30 000 元存款。现在，我们进入小明视角，分步骤、完整地做一轮定投。

第一步，认真评估该拿多少钱做定投。

这可以说是被绝大部分人忽略的步骤——很多人在做定投的开始都是随机的，于是败局从一开始就注定了。

要么金额太少。比如小明每月定投 200 元，两年后市场涨得很好，结果手里的基金总共才 2 000 多元，即使市场天天涨也赚不到什么钱。于是他一拍大腿，追加投资 50 000 元，结果买在了高点。

要么金额太多。比如小明每月定投 3 000 元，坚持了两年账户里有 70 000 多元，如果碰到市场行情差，一天就亏上千元，一周亏半个月工资都有可能。于是他心惊肉跳地赶紧卖掉基金，

结果不仅没赚还亏了几千元，大骂定投害人。

金额太少也不行，金额太多也不行，那么到底多少钱算合适呢？我没法给出确切的答案，因为每个人的情况不同，多和少是相对的。但下面这条标准一定适用于所有人，即这得是一笔可以给它"判个 3 年刑"的钱，意即你 3 年以内压根儿用不上的一笔钱。

因为一轮定投最起码要 3 年才能走完从下跌到上涨的全周期，完成微笑曲线。如果还没走完周期，你却急用这笔钱，那么只能认赔。

按照这个原则，如果小明确定 3 年内没有大额支出，那么他可以按照每个月结余支出的一半，即 2 000 元的标准定投。他可以将剩下的 2 000 元投入余额宝和债券型基金这种风险较低的产品中，以备意外支出。

如果小明确定 3 年内有大额支出，那么他可以按每个月结余支出的 10%，即 400 元作为定投金额。这一轮定投可以积累经验，等他 3 年后财务状况更稳定之后，就可以加大定投金额，谋划新一轮定投。

第二步，认真评估指数的估值水平。

很多人宣称，做定投是不需要择时的。意思是不管市场涨跌，直接买就是了。这实在是误人子弟。定投说到底只是一种买入方法而已，同样需要买得便宜卖得贵才能赚钱，也就是择时。巴菲特有句名言"别人恐惧时要贪婪，别人贪婪时要恐惧"，就是在强调择时的重要性。

那么，做定投怎么择时呢？关键就在于给股票指数做好估值。一个股票指数本身也是由几十支甚至上百支股票组成的，我们甚至可以把股票指数理解成一支"超级大股票"，那么它自然也适用于第五章"估值面"一节中介绍的那些估值指标。

有一些专业网站会直接整理出常见股票指数的估值数据，比如"韭圈儿"。

首先，打开"韭圈儿"网站首页。

然后，点击工具—估值情绪—指数估值。

最后，进入图6-9所示的页面后，找到你想查看的股票指数，点击"查看详情"，我们就会看到如下界面。

最新概况

更新时间：2023-09-07

指标	最新值	平均值	当前百分位
收盘价	1154.76	1557.39	5.4%
市盈率	28.28	49.84	0.36%
市净率	4.21	6.85	0.18%
股息率	0.90	0.44	99.64%
风险溢价(差值)	0.89	-0.58	98.90%
风险溢价(比值)	1.33	0.80	98.72%

时间区间：2013-09-07~2023-09-07

从近10年来看，指数市盈率百分位当前处于历史很低位，仅有0.36%的时间比现在便宜，持有一年的胜率为79.41%，平均收益率在8.38%左右。（回测数据仅供参考，不代表未来）

图6-9 "韭圈儿"某股票指数"最新概况"截图

其有两个模块的信息，一个模块是最新概况，该模块把市盈率、市净率、股息率的最新值、平均值、当前百分位都清晰列出；一个模块是历史估值（见图 6-10），我们可以直接以曲线图的形式查看当前的估值指标在近 3 年 / 近 5 年 / 近 10 年的高低水平。

图 6-10　"韭圈儿"某股票指数"历史估值"截图

怎么判断估值水平到底是高还是低呢？"韭圈儿"给了我们一个现成的标准，那就是用历史百分位进行判断。历史百分位，也就是在选定的时间区间内，比如近 3 年，查看当前时点的估值水平在历史数据中能排到什么水平。

如果估值水平 <10%，即目前处于历史上最低的那 10% 的水平内，则估值水平"很低"，是深绿色；如果估值水平在 10%~30%，就是"较低"，是浅绿色；在 30%~70% 就是"适中"，是蓝色；在 70%~90% 就是"较高"，是橙色；90% 以上就是"很高"，是红色。

基于这个估值水平划分，再结合图上线段的颜色，我们就可以一目了然地知道股票指数的估值水平了。

这里又会有一个问题，对于一个股票指数来说，我们是应该参考市盈率、市净率还是股息率呢？一般来说，以市盈率为主，部分行业适合市净率，股息率仅作为参考。表 6–3 是常见指数对应的适合的估值指标，供大家参考。

表 6–3　常见指数对应的适合的估值指标

	上证 50 指数
	中证红利指数
	恒生指数
	沪深 300 指数
市盈率	中证 500 指数
	创业板指数
	纳斯达克 100 指数
	标普 500 指数
	深证 100 指数

（续表）

市盈率	红利机会指数
	中证消费
	医药 100 指数
	养老产业指数
市净率 （周期性较强的行业）	证券公司
	中证军工
	中证环保

第三步，在低估区间坚持定投。

我们可以再简化一下，估值水平低于 30% 就认为是低估区间，就坚持定投，如果低于 10% 了，我们还可以再增加定投金额。

需要强调的是，上面这段话，说起来容易，做起来难。因为当估值指标处于低估区间时，市场行情往往很差，也许我们的账户天天都在亏钱。很多人就是在这个时候停止了定投，也就是"该投的时候不敢投"。因此，在这个时候我们要坚持策略，只要处于低估区间，定投就对了。

但还需要强调一点，有些人学会低估买入的原理后，可能会陷入另一个极端，看到低估就像恶虎看到羊，开始大手笔做定投，这也不可取。对于定投的金额我们一定不要轻易去加码，要保持克制和节奏。因为并不是说股票指数估值低于 10%，其价格就一定不会继续下跌。

图 6-11 是沪深 300 指数近 10 年的历史估值曲线。我们可以看到，图中红框的那一段基本都是绿色的，也就是处于 30% 以下的百分位。这个低估阶段持续了多久呢？从 2013 年 8 月 9 日持续到 2014 年 11 月 24 日，整整一年多。而且从 2013 年 8 月 9 日到 2014 年 4 月 29 日的半年时间，指数的估值水平还在不断下滑。如果我们一开始就贸然加大定投，那么整个过程就会不断亏钱。

图 6-11　沪深 300 指数近 10 年的历史估值曲线

资料来源：韭圈儿官网。

第四步，在适中区间停止定投。

如果估值水平处于 30%~70% 的区间，我们的操作很简单，收手。这一步说起来容易，做起来同样很难。难在哪儿？难就难在第三步没做好，第四步就很难做好。

因为在低估区间的时候，我们如果不坚持定投，那么等到市场行情开始好转，估值转入适中区间，账户开始赚钱，我们就会发现，我们手里没多少筹码。于是，很多人在这个时候就会开始追加定投，但此时的指数已经不便宜了，再去定投，风险大于收益。

第五步，在高估区间果断卖出。

如果我们前面几步都做得很好，那就是稳坐钓鱼台，只等鱼上钩了。我们只需要盯着估值水平，如果进入 70% 以上的高估水平，就要开始着手卖出了。如图 6–11 所示，到了 2015 年 4 月初，股市开始启动，沪深 300 指数估值水平进入高估区间，我们这时候卖出，就成功完成了一次完美的"微笑曲线"。

这里同样有两点需要强调。

一是不要贸然一次性卖出。从图 6–11 中我们可以看到，沪深 300 指数进入高估区间后，估值水平还在非常"陡峭"地提高，如果一下子全卖了，就吃不到后面极致高估的利润了，你会后悔莫及，赚钱的喜悦都没了。更好的做法是分批卖出，比如在估值水平大于 70% 时，卖出 1/3，大于 80% 时，卖出 1/3，大于 90% 时，再卖出 1/3。

　　二是不要追高买入。现在我们很理性，觉得自己不会追高，但如果身处狂热市场行情中，每天都能赚很多钱，管住手就没那么容易了。如果这时我们真的追高买入了会发生什么呢？下场就是图 6-11 中那个"血淋淋"的红尖尖，涨得也狂热，跌得也很狂热，我们追高买入赚的钱，会在短时间内"灰飞烟灭"。

九、基金组合：一个带你"玩转"基金的高阶方案

这一章到目前为止，我实际上重点介绍了两种基金的投资，即债券型基金和股票型指数基金，一个是防守型选手，一个是进攻型选手。但在实际投资理财中，我们显然不可能只投资其中一种，而需要把两者有机结合起来，这样才能攻守兼备。这就需要用到更高阶的策略，即基金组合。

基金组合的原理，我在第四章的"投资组合"和"美林时钟"两节中已充分阐述过，大家如果不记得了，可以简单回顾一下。接下来我们分步介绍其具体操作。

第一步，明确股和债的比例。

有个被用得比较多的经典策略叫作"目标生命周期策略"，公式如下。

$$股票比例 = 100 - 家庭成员平均年龄$$

比如小明夫妻平均年龄是 30 岁，100–30=70。那么股票和债券的比例应该是 70∶30。

但在实际生活中，我们不可能把所有的钱都拿来做基金组合，起码还会留 10% 的流动资金作为备用。这 10% 的备用资金，本身也是一种防守资金。因此，在基金组合中股票的比例其实还可以再调高一些，80∶20 就比较合适。

假设小明夫妻手里有 10 万元可以用于构建基金组合，那么接下来我们不妨就按照 80∶20 的比例来尝试构建一个基金组合。

第二步，明确指数基金的组合。

将 80% 的资金配置于股票，也就是拿出 8 万元投资指数基金。这 8 万元，我们同样需要通过构建组合的方式，实现分散风险。

首先，构建"大盘股 + 小盘股"组合。大盘股，就是市值规模较大、业绩稳健的股票，最典型的代表就是沪深 300 指数，由 A 股市场总市值前 300 的股票组成。小盘股，就是市值规模较小、成长性较好的股票，最典型的代表就是中证 500 指数，由 A 股市场总市值排名 301~800 的股票组成。

A 股是风水轮流转的，有时候大盘股比较吃香，有时候小盘股比较吃香。我们同时投资这两个指数，不仅可以一次性投资 A 股最优质的 800 个上市公司，而且能兼顾大盘行情和中小盘行情。

其次，构建"国内+海外"组合。 稍有经验的读者都知道，A股行情差的时候，不管是大盘股还是中小盘股，都会一起下跌，这叫系统性风险，换个说法，这就是"熊市"。而这种系统性风险，通常隔几年就会出现一次。

怎么办呢？我们可以把一部分资金配置到海外股市，规避单一市场的系统性风险。放眼全球，哪个市场比较适合投资呢？美国股市。为什么呢？

一是因为美股稳健成熟。美股是全球最成熟的股市之一，巴菲特的成功，其实有一个不可忽视的关键因素，那就是他生在美国。

图6–12中橙色线代表A股走势，蓝色线代表美股走势。从图6–12中，我们可以看到，美股在过去30年来基本是持续上涨的，而且波动相对更小。

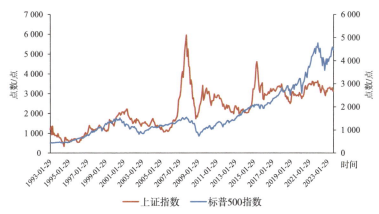

图6–12 上证指数与标普500指数近30年估值曲线

数据来源：Wind。

二是因为美股与 A 股相关性弱。从图 6–12 中我们也可以发现，美股走势与 A 股走势是没什么关系的。

那么，我们具体怎么买美股的指数基金呢？买 QDII 基金即可。

QDII 基金，名字看着很专业，其实就是专门投资海外市场的基金。我们投资美股的基金，主要就是投资标普 500 指数和纳斯达克 100 指数这两个代表性指数的指数基金。操作很简单，在随便一个基金平台搜索关键词"标普 500"或"纳斯达克 100"，就会跳出很多投资这两种指数的 QDII 基金了。前文提到过的挑选指数基金的一些标准对于 QDII 指数基金的挑选也是适用的。

这两重组合做完，我们就有了沪深 300 指数、中证 500 指数、标普 500 指数和纳斯达克 100 指数四支股票指数了。那么，怎么分配资金进行组合呢？很简单，各占 1/4 就行了，也就是每支基金 2 万元（8 ÷ 4）。

第三步，选一个不错的债券型基金。

我们可以将 20% 的资金，也就是 2 万元用于投资债券型基金，建议投资长期纯债类基金。本章第四节中详细介绍了投资债券型基金的方法，这里就不赘述了。

到这一步我们就得到了一个由 1 支债券型基金和 4 支指数基金构成的基金组合，它们分别是：

纯债类基金，投向债券，金额 2 万元；

沪深 300 指数基金，投向国内大型公司股票，金额 2 万元；

中证 500 指数基金，投向国内小型公司股票，金额 2 万元；

标普 500 指数基金，投向美国大型公司股票，金额 2 万元；

纳斯达克 100 指数基金，投向美国小型公司股票，金额 2 万元。

第四步，开始买入基金组合。

对于债券型基金，很简单，2 万元一次性买入就好。

对于指数基金，我们要严格按照本章第八节介绍的低估买入原则，在估值水平小于 30% 的时候，开始分批买入，一般可以用 3~6 个月的时间周期，以一周为频率，分批买入。

这里要注意的是，国内的指数基金和美股指数基金的估值水平很可能是不同步的，所以只能分别买入，不能图方便，一次性就全买了。毕竟，无论什么时候，买的便宜都是至关重要的。

第五步，每年年初进行一次再平衡。

这一步就是在每年的年初，我们要看一眼自己的组合，然后该卖出卖出，该买入买入，把 5 支基金重新调回各占 20% 的均衡比例。

具体怎么调整呢？比如一年后，我们 5 支基金有涨有跌，10 万元的基金组合涨到 11 万元，那么我们就需要通过动态平衡，把每支基金变成 2.2 万元。如表 6–4 所示就是一个典型的例子。

表 6–4　基金组合年度再平衡方案

品种	初次投入资金	1 年后	再平衡	
			资金配置	操作
纯债类基金	2 万元	2.05 万元	2.2 万元	买入 0.15 万元
沪深 300 指数基金	2 万元	1.9 万元	2.2 万元	买入 0.3 万元
中证 500 指数基金	2 万元	2.15 万元	2.2 万元	买入 0.05 万元
标普 500 指数基金	2 万元	2.5 万元	2.2 万元	卖出 0.3 万元
纳斯达克 100 指数基金	2 万元	2.4 万元	2.2 万元	卖出 0.2 万元

第六步，卖出基金组合。

投资都是有买有卖的。但基金组合的卖出，需要稍微讲究一些，就好比军队撤退，得有秩序。什么秩序呢？配置比例不能变。打个比方，现在基金组合的价值已经变成 15 万元了，我们想卖掉 5 万元，那么剩下的 5 支基金每支应该正好是 2 万元 [（15–5）÷ 5]。如果纳斯达克 100 指数基金现在是 4 万元，那么就卖出 2 万元。

基金组合收益怎么样？

以上六个步骤，就呈现了一个基金组合买入、卖出的完整过程。但你可能还会有一个疑问，这样做投资收益到底怎么样？

我们用数据说话。"韭圈儿"有一个功能，就是可以给基金组合进行投资收益的"回测"，也就是你给它任意一个基金组合，它都可以计算这个组合的历史投资收益。其操作步骤如下。

第一步，点击首页—工具—选基神器—组合回测，如图6–13所示。

图 6-13　"韭圈儿"组合回测功能展示

第二步，创建组合。点击进入组合回测，开始创建组合，按照提示操作，分别添加前文提到的 5 支基金即可。大家可以根据指数基金和债券型基金的筛选标准，选择具体的基金。在创建好基金组合之后，点击进入基金组合，我们就会得到图 6–14 所示的界面。

-0.27% 近1日	-0.78% 近1周	-1.43% 近1月	15.24% 今年来	9.56% 近1年	15.93% 近3年	55.85 成立来

组合详情

基金名称	日张幅	添加后的收益	比例	比例	基金经理
华安纳斯达克100ETF联... 040046	-0.70% 2023-09-07	-	20.00%	27.20%	××
博时标普500ETF联接A 050025	-0.28% 2023-09-07	-	20.00%	20.92%	××
长城中证500指数增强A 006048	0.11% 2023-09-08	-	20.00%	19.47%	××
兴全沪深300指数(LOF)A 163407	-0.43% 2023-09-08	-	20.00%	17.59%	××
新华纯债添利债券发起A 519152	-0.06% 2023-09-08	-	20.00%	14.83%	××

提示：如组合含有QDII/FOF基金，可能会以QDII/FOF前一日涨幅跌幅计算该组合最近更新日的涨跌幅

图 6–14　组合回测结果展示

大家要注意，图 6–14 中的基金组合仅作为举例，并不作为投资推荐。我们再把页面下拉，就会看到对这个组合的业绩回测，如图 6–15 所示。

我们可以看到，基金组合近 5 年投资收益达到了 60.58%，而同期沪深 300 指数仅上涨了 14.1%，收益率为沪深 300 指数的 4 倍还多。

进一步下拉页面我们还可以看到更详细的组合回测数据，大家可以重点看三组数据对比，如图 6–16 所示。

238

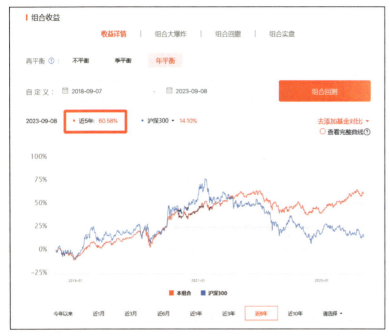

图 6-15　组合收益展示

图 6-16　数据对比情况展示

首先是年化收益率的对比。基金组合的年化收益率为 9.92%，比 "偏股混基指数" 的收益率 9.78% 略高一点，也就是比市面上所有股票型基金的整体收益稍微高一点。

其次是最大回撤率的对比。最大回撤率这个指标在第四章 "风险" 一节重点推荐过，指的是一支基金在一段时间内，比如 5 年内，从最高点下跌到最低点的幅度。这个指标可以说完美诠释了基金组合的威力：**收益率比一般的股票型基金还高一点，但最大回撤率（16.20%）只有一般的股票型基金（31.96%）的近一半！** 相当于收益增强，风险减半。

这对于我们的投资体验和最终的投资成功都是至关重要的。毕竟拿 10 万元投资，只亏掉一万多元，和亏掉 3 万元以上，那个心理压力是截然不同的。大多数基民就是因为扛不住 30% 以上的亏损而选择割肉出局，从而成为那无数个不赚钱的基民之一。

最后是年化波动率的对比。这个指标简单理解就是一支基金一年平均下来 "上蹿下跳" 的幅度。可以看到，基金组合的波动幅度是一般的股票型基金的 2/3，波动率明显减小，投资体验明显更好。

现在，你对基金组合投资，是不是跃跃欲试了呢？

参考文献

［1］ 李笑来.财富自由之路［M］.北京：电子工业出版社，
2023.

［2］ 孙国峰.贷款创造存款理论的源起、发展与应用［J］.国
际金融研究，2019（11）.

［3］ 杨正位.百年来世界经济金融危机的警示［EB/OL］.新浪
财经，2008–10–22.

［4］ 香帅.钱从哪里来：中国家庭的财富方案［M］.北京：中
信出版社，2020.

［5］ 任泽平，夏磊，熊柴.房地产周期［M］.北京：人民出版
社，2017.

［6］ 周岭.认知觉醒［M］.北京：人民邮电出版社，2020.

［7］ 李录.文明、现代化、价值投资与中国［M］.北京：中信
出版社，2020.

［8］ 杰里米J·西格尔.股市长线法宝［M］.马海涌，王凡一，

魏光蕊，译.北京：机械工业出版社，2015.

[9] 罗伯特·清崎，莎伦·莱希特.富爸爸穷爸爸［M］.萧明，译.海口：南海出版公司，2011.

[10] 曼昆.经济学原理，微观经济学分册［M］.四版.北京：北京大学出版社，2009.

[11] 李义奇.货币常识：历史与逻辑［M］.北京：社会科学文献出版社，2012.

[12] 兰小欢.置身事内：中国政府与经济发展［M］.上海：上海人民出版社，2021.

[13] 考夫曼.穷查理宝典［M］.李继宏，译.上海：上海人民出版社，2010.

[14] 本杰明·格雷厄姆.聪明的投资者［M］.王中华，黄一义，译.北京：人民邮电出版社，2016

[15] 陈志武.金融的逻辑［M］.北京：五洲传播出版社，2011.

[16] 史蒂夫·尼森.日本蜡烛图技术（珍藏版）［M］.吕司嘉，译.北京：地震出版社，2019.

[17] 巴菲特.巴菲特致股东的信：股份公司教程［M］.陈鑫，译.北京：机械工业出版社，2004.